Bastiaan Baan

Mit dem Herzen sehen lernen

Bastiaan Baan

Mit dem Herzen sehen lernen

Grundlagen religiöser Erziehung

Mit einem Beitrag von
Andries Hibma

Verlag Urachhaus

Aus dem Niederländischen von Marianne Holberg

Titel der Niederländischen Originalausgabe:
»Alleen met het hart kun je goed zien«
erschienen bei Uitgeverij Christofoor, Zeist 1996

ISBN 3-8251-7191-4

Erschienen 1998 im Verlag Urachhaus

Umschlagillustration: »Dreiergruppe« von Richard Neal
Umschlaggestaltung: Walter Schneider
Druck: Offizin Chr. Scheufele, Stuttgart

Inhalt

Warum dieses Buch geschrieben wurde

Während der einundzwanzig Jahre, in denen ich in meinem Beruf als Waldorflehrer, später als Pfarrer der Christengemeinschaft mit Kindern gearbeitet habe, sind sowohl die Sorge vor der Zukunft als auch das Vertrauen in die Zukunft gewachsen.

Tiefe Sorge um die Zukunft liegt diesem Buch zugrunde. Wenn es uns nicht gelingt, Kindern von früh an eine wirklich religiöse Erziehung zu geben, werden in der Zukunft die religiösen Fähigkeiten verlorengehen. Schon jetzt droht alles, was etwas mit Religion zu tun hat, immer weniger Beachtung zu finden oder wird sogar als überflüssig angesehen. Wer jedoch als Kind das religiöse Element in der Erziehung entbehren musste, kann dies als Erwachsener nicht mehr wie selbstverständlich einholen. Denn als Kind ist man für religiöse Inhalte offener und empfänglicher als im späteren Leben.

Zugleich spiegelt dieses Buch aber auch ein großes Vertrauen in die Zukunft. Wie schwierig die Verhältnisse auch sein mögen, um in der Gegenwart noch wirklich Kind zu sein – an den Kindern, mit denen ich gearbeitet habe, konnte ich wahrnehmen, dass mit einer neuen Generation auch neue Fähigkeiten geboren werden. Fähigkeiten, von denen eine vorige Generation nicht zu träumen wagte. In dem Kapitel: »Was ist nur mit dem Kind geschehen?« wird etwas von diesen neuen Möglichkeiten beschrieben.

Darum widme ich dieses Buch den Kindern, denen ich dieses Vertrauen verdanke. Mein Dank geht zugleich an einige meiner Kollegen, mit denen ich die hier angeschnittenen Themen immer wieder besprechen konnte. Insbesondere gilt dieser Dank meinem Kollegen Andries Hibma, der aus seiner Erfahrung als Religionslehrer an Waldorfschulen und danach als Pfarrer der Christengemeinschaft das Kapitel »Die Sonntagshandlung der Christengemeinschaft im Verhältnis zu den Handlungen an den Waldorfschulen« geschrieben hat.

Bastiaan Baan

Einleitung

Man sieht nur mit dem Herzen gut

Im Sommer 1994, anlässlich der Achthundertjahresfeier der Kathedrale von Chartres, sagte einer der Bischöfe in seiner Ansprache: »Wenn wir diesen Ort nicht mit Religion füllen, wird er in der Zukunft mit etwas anderem erfüllt werden.« Diese Aussage gilt, wie mir scheint, für alles religiöse Leben unserer Zeit. Eine Hülle, die Halt gibt, ein Strom, der uns trägt, sind heutzutage nur schwer zu finden. Wenn das schon für uns Erwachsene gilt, wie hart muss das dann für unsere Kinder sein? Welche Bilder, welche Vorbilder können wir ihnen in unserer Zeit geben, damit sich religiöse Kräfte entfalten können? Wir brauchen uns hinsichtlich eines etwaigen Vorbildcharakters unserer Gesellschaft keinen Illusionen hinzugeben. Ehrfurchtwürdiges, etwas, das die Ehrfurchtskräfte weckt, ist nicht leicht zu finden.

In diesem Buch unternehme ich den Versuch, in gewissem Sinne ganz von vorn zu beginnen. Und zwar nicht, indem ich an Traditionen, Lehrmeinungen, an einen Gott, den man vom Hörensagen kennt, anknüpfe, sondern indem ich bei uns selbst anfange. Die oben zitierte Aussage des Bischofs von Chartres könnte, auf uns angewendet, lauten: Wenn wir Erwachsenen nichts an uns selbst tun, wird in Zukunft die religiöse Fähigkeit des Menschen verloren gehen.

Rudolf Steiner hat die Erzieher immer wieder darauf

hingewiesen, dass sie in erster Linie an sich selbst arbeiten müssen: »Für die äußere Welt wirken wir durch das, was wir tun. Als Erzieher wirken wir durch das, was wir sind.«[1] Dies scheint mir ganz besonders das Motto für die religiöse Erziehung zu sein, die zu einem Großteil aus Vor-Bildern, Voran- Gehen und Vor-Leben bestehen sollte.

Im vorigen Jahrhundert fingen einige »aufgeklärte« Pädagogen schon an, nach diesem Prinzip zu arbeiten. Der berühmte Dichter und Pädagoge Jean Paul (1763 – 1825) schrieb einmal: »Da die erste Regel für jeden, der etwas geben will, diese ist, dass er selber habe, so kann niemand Religion lehren, als der Religion besitzt.« Wir, die nicht mehr von einem religiösen »Besitz« sprechen können, sollten für unsere Zeit formulieren: Niemand kann Religion vermitteln, wenn er sie sich nicht fortlaufend selbst erobert.

In den gut zwanzig Jahren, in denen ich mit Kindern gearbeitet habe, war dies das Entscheidende in der religiösen Erziehung: Erst wenn eine Geschichte, ein Bild oder ein Vorbild von der persönlichen Erfahrung oder Verarbeitung geprägt war, wurde es wirklich aufgenommen oder zumindest respektiert. Mit untrüglicher Sicherheit spüren Kinder, ob das, was wir ihnen zu sagen haben, echt oder gekünstelt ist. Ich habe den Eindruck, dass dies jetzt stärker ist als vor zwanzig Jahren. Damals konnte man sich unter Umständen noch einmal hinter einer spannenden Geschichte »verstecken«. Jetzt stellen die Kinder unaufhörlich, hörbar oder unhörbar, die Frage an den Erzähler: Was hast du selbst an dieser Geschichte erlebt? Was hast du dir zu Eigen gemacht? Wofür begeisterst du dich? Und wenn es etwas ist, das uns nicht berührt, so ist es besser, zu schweigen, als eine Geschichte »abzuspulen«. Sonst geht es uns so wie jener Mutter eines sechsjährigen Jungen, die ihrem Sohn während einer Bergwanderung auf belehrende Weise beibringen wollte, was der liebe Gott alles gemacht hat. Woraufhin der Junge fragte: »Mutter – lebt der eigentlich noch?«

Es gab eine Zeit, in der religiöse Erziehung das »tägliche Brot« war, das ganz selbstverständlich zum Leben dazugehörte. Noch bis ins vorige Jahrhundert bekamen die Kinder religiöse Formen und Werte »mit der Muttermilch eingeflößt«. Jetzt findet das höchstens noch in Situationen statt, in denen die Alltagswelt nahezu ausgeschlossen ist und Kinder unter sektiererischen Umständen erzogen werden. Aber es kann doch nicht Sinn der Erziehung sein, Kinder weltfremd zu machen?

Das Spannungsfeld scheint von Jahr zu Jahr größer zu werden: Einerseits eine Welt, in der nur das zählt, was wir tun, in der wir völlig anwesend sein müssen, funktionieren müssen – andererseits eine Welt, in der es darum geht, wer wir sind. »Man sieht nur mit dem Herzen gut«, sagt der Fuchs zum kleinen Prinzen in der Geschichte von St. Exupéry, »das Wesentliche ist für die Augen unsichtbar.«[2] Um diese unsichtbare Welt zu erkunden, werden wir andere Wahrnehmungsorgane entwickeln müssen als nur unsere Augen. Darum geht es in diesem Buch.

Was ist nur mit dem Kind geschehen?

Bevor wir uns mit dem beschäftigen, was religiöse Erziehung von uns verlangt, soll noch einmal der Frage nachgegangen werden, ob wir es in der Erziehung mit der gleichen Art von Kindern zu tun haben wie beispielsweise vor fünfzig Jahren. Gibt es Hinweise darauf, dass sich etwas geändert hat? Ist etwas mit den Kindern geschehen, das von uns als Erziehern einen anderen Umgang mit ihnen erfordert? Die Erfahrungen zeigen, dass solche Hinweise vorhanden sind – und dass es mehr denn je darauf ankommt, die Kinder recht genau anzusehen, um herauszubekommen, was sie von uns verlangen. Es ist in der Erziehung immer so gewesen, vor allem, wenn man es mit verschiedenen Altersgruppen zu tun hat, dass man die Kinder immer wieder so ansehen muss, als wäre es das erste Mal. Aber in der Zeit, in der wir jetzt leben, ist diese spannende Aufgabe auf beinahe jedes Kind, gleich welchen Alters, auszuweiten. Sie sind kaum noch in einer Gruppe zusammenzufassen. Wenn man sich die Kinder sehr genau betrachtet, kommt man hoffentlich darauf, was sie beschäftigt – und findet das für sie passende Bild oder das erlösende Wort.

Kinder nehmen mit untrüglicher Sicherheit wahr, wen sie vor sich haben – und machen keinen Hehl aus dem, was sie davon halten. Es hat keinen Zweck, sich vor ihnen zu verbergen; es ist, als würden sie einfach durch uns hindurchsehen und erkennen, wer wir sind. Zweifellos haben Kinder früher auch diese »hellfühlende« Fähigkeit gehabt, aber in den letzten Jahrzehnten scheint dies bewusster, wacher geworden zu sein. Eine Lehrerin, die auf gut dreißig Jahre Unterrichtserfahrung mit Vorschulklassen zurückblicken konnte, drückte dies einmal mit folgenden Worten aus: »Heutzutage steht man oft vor kleinen Persönlichkeiten, die wissen, was sie wollen. Sie sind nicht mehr so verträumt wie früher.« Auch Eltern merken in zunehmendem Maße, dass jedes Kind anders angefasst werden muss; dass man keine zwei Kinder auf die gleiche Art erziehen kann. Wenn man gerade denkt, man wüsste, was das erste Kind braucht, muss man beim nächsten wieder von vorn anfangen, um herauszubekommen, welches seine Eigenart ist. Meistens ist dies mit kräftigen Widerständen und Reibungen verbunden. Auch auf diesem Gebiet ist in den letzten Jahrzehnten etwas mit den Kindern geschehen. In ihrem Buch: »Früher, als ich groß war« lässt die Theologin Joanne Klink eine Lehrerin zu Wort kommen, die durch bittere Erfahrungen zu der Feststellung gekommen ist: »Es ist gegenwärtig sehr schwierig, zu unterrichten. Wir sind in einer Unterrichtskrise. Mit Strenge erreicht man nichts mehr. Es gibt einen Aufstand, und sie tun das Verbotene gerade. Man kann nicht mehr mit äußeren Machtmitteln arbeiten, auch nicht mit Weichheit. Eine neue Art von Kindern ist gekommen …«[3]

Auch in der religiösen Erziehung – vielleicht noch mehr als in den täglichen Erziehungsaufgaben – begegnen wir Widerständen. Wir müssen versuchen zu unterscheiden, was aus dem Kind selbst kommt und was ihm durch die Umgebung suggeriert wird. In einigen Klassen herrscht das ungeschriebene Gesetz: »Religionsunterricht? Du bist verrückt, wenn du dahin gehst!«

Wenn solche Sprüche mit den entsprechenden »Maßnahmen« wie Hänseln und Terrorisieren in der Klasse einhergehen, wird es für das Kind sehr schwierig, eine positive Entscheidung zu treffen.

Auch die zusätzliche Mühe, die der Besuch der Sonntagshandlung oder des Religionsunterrichtes kostet, ruft oft Widerstand hervor. Während die ganze Stadt am Sonntagmorgen zu schlafen scheint, musst du unbedingt mit dem Fahrrad zur Kirche fahren ... Wenn man sich dann als Eltern und Erzieher von solchen Hindernissen beeinflussen lässt, ist diesem Teil der religiösen Erziehung ein kurzes Leben beschert. Eine der wichtigsten Voraussetzungen dazu, den Schritt zur religiösen Erziehung zu tun, ist: Wissen, was man will – und wissen, warum man es will. Mit der merkwürdigen Fähigkeit zum »Hellfühlen«, das die heutigen Kinder oft haben, merken sie schnell genug, ob man selbst von der Sache überzeugt ist.

Sobald diese Überzeugung in ausreichendem Maße vorhanden ist, spielen auch die Diskussionen darüber, ob man nun, oder ob man nicht gehen solle, eine weniger große Rolle. »Warum soll ich jede Woche zur Sonntagshandlung?« fragt ein Kind seine Mutter. »Warum isst du jeden Tag Brot?« war die Gegenfrage der Mutter. Und mit dieser aussagekräftigen Gegenfrage war das »Gespräch« beendet! Noch drastischer klang die Überzeugung eines Achtzehnjährigen, die schließlich den Ausschlag gab, als er der Diskussion seines vierzehnjährigen Bruders und der Mutter folgte. Der Vierzehnjährige war unwillig rebellisch bei dem Gedanken, dass er konfirmiert werden sollte. »Wofür sollte das gut sein?« Während seine Mutter ihm in aller Vorsicht versuchte auseinanderzusetzen, wofür es gut war, mischte sich der Achtzehnjährige ins Gespräch ein und sagte rundheraus: »Darüber wird nicht diskutiert. Konfirmation ist gut für dich!« – und damit basta! Weil er selbst konfirmiert worden war und erlebt hatte, was sich währenddessen abspielt, konnte er ohne umständliche Worte seinen Bruder von der Bedeutung dieser Feier überzeugen.

Dieses ganz und gar in vollem Bewusstsein Überzeugtsein von dem, was wir mit Kindern tun, ist eines der stärksten Erziehungsmittel, die uns zur Verfügung stehen. Wer dieses Mittel in der Erziehung einsetzen kann, spart sich unzählige fruchtlose und erschöpfende Diskussionen in der Familie. »Wir müssen uns klarmachen, dass wir in einer Zeit leben, in welcher die Worte, die die Menschen sprechen, keine Bedeutung mehr haben ihrem Begriffsinhalt nach. Wirksam sind nur die Kräfte, die in den Worten leben.«[4]

Religiöse Erziehung

Wollte man ein Schlüsselwort für die religiöse Erziehung geben, so könnte es das Wort »vorangehen« sein. Es ist das Wort, das in der Taufe der Christengemeinschaft zu den Paten gesprochen wird. Ein Kind kann seinen Weg in der »Gemeinschaft des Christus Jesus« finden, wenn Erwachsene da sind, die ihm auf diesem Weg vorangehen. Es handelt sich nicht darum, Beistand zu leisten oder die Richtung anzugeben und dabei selbst stehen zu bleiben, sondern um ein Vor-Gehen. Das bedeutet nämlich, dass ich als Erwachsener immer auf dem Wege sein muss.

Das Bild stimmt sehr deutlich überein mit der Bezeichnung, die sich die Jünger des Christus selbst gaben: »... die Anhänger dieses Weges« (Apg 9, 2). Das Charakteristische für das Urchristentum war nicht die Lehre, die feste Überzeugung oder das Dogma, sondern die Tatsache, dass man auf dem Wege war. Vielleicht könnte man das für das Thema dieses Kapitels übertragen und erweitern mit den Worten: Ohne Selbsterziehung ist keine religiöse Erziehung möglich. Wenn wir Kindern auf religiösem oder moralischem Gebiet etwas »beibringen« wollen, müssen wir selbst die ersten Schritte auf diesem Wege tun. Dann erst haben wir ein Recht zu sprechen.

Ein köstliches Beispiel für diese Art des Erziehens ist aus dem Leben des Mahatma Gandhi, dem berühmten Vorkämpfer der Unabhängigkeit Indiens, bekannt. In den zwanziger Jahren besuchte ihn eine Mutter mit ihrem Sohn und stellte die Frage: »Mein Kind nascht immer aus dem Zuckertopf. Können Sie ihm das abgewöhnen?« Gandhi antwortete darauf: »Kommen Sie nächste Woche wieder zu mir. Dann kann ich helfen.« Als die Mutter nach einer Woche wiederkam, nahm Gandhi den kleinen Jungen zu sich und verbot ihm ausdrücklich, von dem Zucker zu naschen. »Warum haben Sie das nicht vor einer Woche gesagt?« fragte die Mutter. »Weil ich da selbst noch Zucker naschte«, war die Antwort Gandhis. Er musste den Auftrag, den er dem Kind gab, erst selbst wahrmachen!

In der religiösen Erziehung ist dieser Grundsatz unentbehrlich. Wir werden unwahrhaftig und unglaubwürdig, wenn wir Kindern sagen, was sie tun sollen, ohne dieses selbst zu schaffen. »Wenn wir es nicht tun, tun die Kinder es wahrscheinlich auch nicht«, konstatierte ein Vater, als während eines Elternabends die Sonntagshandlung für die Kinder besprochen wurde. Wenn man als Eltern sein Kind hinschickt und es weiterhin seinem Schicksal überlässt, ist der Besuch der Sonntagshandlung nicht von langer Dauer.

Religion ist in erster Linie eine Angelegenheit von Gefühl und Wille, religiöse Übungen sind in erster Linie elementare Willensübungen. Darum spielt Wiederholung eine so wichtige Rolle im religiösen Leben. Durch das bewusste Wiederholen wird der Wille gestärkt. Auch die klassischen religiösen Verrichtungen wie Fasten, Wachen, Beten zu »unangenehmen« Zeiten, Gehorsam und selbstgewählte Armut sprechen das Willensleben an. Und auch heute fordert Religion den Gottesdienst, das Tun. Als eine Mutter bei ihrem Kinde immer wieder darauf drang, dass es am Sonntagmorgen in die Kirche gehen solle, sagte das Mädchen eines Tages kurz und bündig: »Tu es selbst!« Erst als die Mutter diesem drastischen Rat gefolgt war, konnte sie ihre Tochter dazu bewegen, mitzugehen.

Übrigens kann der weitaus größte Teil dieser religiösen Selbsterziehung sich in der Stille vollziehen, ohne dass das Kind etwas davon merkt. Nichts wirkt so aufdringlich wie der Erzieher, der mit diesen Dingen hausieren geht! Der Kirchenvater Augustinus sagt über diese stille Erziehung: »Wichtiger als zum Kinde von Gott zu sprechen ist es, zu Gott von unserem Kinde zu sprechen.«

Damit sind wir zu einem bedeutenden Erziehungsmittel auf diesem Gebiet gekommen, zur Fürbitte. Denn das Beten mit den Kindern entlehnt einen großen Teil seiner Kraft der Fürbitte. Je mehr wir dazu in der Lage sind, dieses Gebet selbstlos, für den anderen, zu sprechen, desto stärker kann es wirksam werden.

Mit Kindern beten

Ganz selten gelingt es einem, beim Beten mit dem Kind ganz bei ihm zu sein, für es zu beten. In einem dieser seltenen Augenblicke fing das Kind, ein Kleinkind noch, vor Freude an zu strahlen. Hinterher fragte ich: »Was war denn?« Lächelnd kam die Antwort: »Ein Engel saß auf deiner Schulter.«

In solchen Augenblicken erfährt man die Kraft des Gebetes: Eine Welt, die weit über uns hinausreicht, handelt und spricht mit in unserem Handeln und Sprechen. Um dieser Welt aber Raum zu geben, müssen wir selbst einen Schritt zurück setzen. Die Grundstimmung jedes Gebetes müsste sein: Dein Wille geschehe. Die Aktivität, die dafür nötig ist, sollten wir nennen: einwilligen. Beim Vaterunser sollte man nicht von Bitten und Wünschen sprechen, sondern von einer Willensform. Das Vaterunser ist ganz eindeutig eine Fürbitte, wir können es nicht einmal für uns allein beten! Neunmal kommen die Worte »uns« und »unser« darin vor. Doch kann man sich und den eigenen Nöten einen Platz in dem großen Zusammenhang geben.

Auch mit Kindern kann man von Zeit zu Zeit das Vaterunser beten. Man könnte den besonderen Charakter dieses Gebetes noch dadurch betonen, dass man es in der religiösen Erziehung für besondere Gelegenheiten aufbewahrt. In der Gestaltung unseres Familienlebens gaben wir ihm einen Platz zu Weihnachten und zu Ostern – aber auch, wenn es einen Tiefpunkt gab wie beim Tod eines lieben Freundes, in kritischen Tagen während der Krankheit eines Kindes oder auch nach einem Albtraum, aus dem das Kind voller Angst erwachte. Wenn man in solchen Augenblicken mit Ruhe und Überzeugungskraft beten kann, gibt man mehr als jeden billigen Trost!

In bestimmten Situationen kann jedoch das Gebet gerade in der Stille wirken. Darum braucht es nicht weniger wirksam zu sein. Ein kleiner Junge, dessen Vater in großer Entfernung für ihn betete, schaute plötzlich vom Spielen auf und sagte: »Papa sagt auf einmal meinen Namen in meinem Herzen.« Vor allem kleine Kinder sind auf diesem Gebiet noch hellfühlend oder sogar hellhörend!

Rudolf Steiner hat für die einzelnen Lebensphasen unterschiedliche Sprüche gegeben, die an den besonderen Charakter dieser Zeit anschließen. Für die erste Phase, von der Geburt bis zum dritten Lebensjahr, gibt er Sprüche, die im Sinne der Fürbitte gesprochen werden können. Das Kind spricht sie noch nicht mit. Die zweite Phase umfasst die Zeit bis etwa zum vierzehnten Lebensjahr, in der mit dem Kind gemeinsam gebetet wird. Wenn danach das religiöse Leben selbstständig wird, kann man als Eltern in der Stille für den heranwachsenden Menschen beten – im Sinne von : »Dein Wille geschehe«.[5]

Der goldene Mittelweg

Die größte Kunst bei der religiösen (Selbst-)Erziehung ist es, den goldenen Mittelweg zu finden. Immer wieder müssen wir uns fragen: Wo befindet sich das Kind in diesem Moment auf seinem Weg zur Erde? Was braucht es jetzt? Welche »Dosis« ist in diesem Augenblick die richtige?

Um den goldenen Mittelweg zu finden, ist es sinnvoll, sich die beiden Extreme klarzumachen:

Am Anfang seines Lebensweges ist das Kind noch nicht »von dieser Welt«. »Als ich gerade eben geboren war, war ich noch bei Gott auf dem Schoß«, sagte ein Kind, als ihm klar wurde, dass es diesen Platz verlassen hatte. Manche Kinder können sich so stark mit dieser ursprünglichen Welt verbunden fühlen, dass sie die größte Mühe damit haben, sich zu »erden«. Ein fünfjähriges Kind hatte die Gewohnheit, immer wieder seinen Koffer zu packen, um in sein »echtes Haus« zu gehen. Am Ende des Weges, wenn das Kind Abschied nimmt vom Kinderparadies und die ernüchternde Erwachsenenwelt betritt, ist es ganz und gar »von dieser Welt« – manchmal so drastisch, dass in der Pubertät alles, was Religion ist oder zu sein scheint, über Bord geworfen wird. Ein Mädchen, das sehnsüchtig auf diese Zeit wartete, fragte seine Mutter einmal: »Wann bin ich groß genug, um zu hören, dass es Gott nicht gibt?« Gerade in dieser Phase des Leugnens muss man sehr genau auf das hören, was Kinder sagen, denn oft wird diese Leugnung mit dem größten religiösen Eifer ausgesprochen! Zur Zeit des strengen Kommunismus in Russland fragte ein zwölfjähriges Mädchen seine Mutter: »Mutter, weiß Gott denn, dass wir nicht an ihn glauben?« Über diese tiefsinnige Äußerung kann man wirklich lange nachsinnen …

Die Kunst, diesen Mittelweg zu finden, besteht darin, das Kind auf seinem Weg vom Himmel zur Erde zu begleiten, nicht zu schnell, aber auch nicht zu langsam. Das eine Extrem entsteht, wenn wir das Kind in seiner eigenen Welt lassen, ohne es mit der Erde vertraut zu machen. Das andere Extrem wiederum besteht darin, dass wir die Welt seiner Herkunft ignorieren und ihm »Steine statt Brot« geben. Beide Einseitigkeiten werden der Erlebniswelt des Kindes nicht gerecht.

Gerade auf dem Gebiet der religiösen Erziehung hat Rudolf Steiner eine Wende zustande gebracht. In gewissem Sinne könnte man von einer »Kopernikanischen Wende« sprechen, weil ein klassisches religiöses Prinzip radikal umgedreht worden ist. Seit alten Zeiten bedeutet Religion: den Weg zum Himmel finden. In der Kindheit, so Rudolf Steiner, geht es aber darum, den Weg zur Erde zu finden – so, dass die geistige Welt eines Tages voller Staunen und Ehrfurcht wiedererkannt werden kann. In den Sprüchen, die Rudolf Steiner für Kinder gegeben hat, begegnet man diesem goldenen Mittelweg immer wieder:

Es freuet sich das Menschenauge
Am Schein der leuchtenden Sonne.
So freue die Seele sich auch
Am Gottesgeiste, der in allem lebt
Als die unsichtbare Sonne,
Die jedem Wesen liebend leuchtet.

Wenn wir das Kind einseitig den Himmel erleben lassen in Gebet und Religion, kann es auf die Dauer die Verbindung mit der Erdenwirklichkeit nicht erkennen. Ein Kindergebet brachte durch diese Einseitigkeit ein kleines Kind in große Verwirrung. Als die Mutter die Worte dieses Gebets zu ihrem Söhnchen sprach:

»Lieber Gott, mach mich fromm,
Dass ich in den Himmel komm«,

brach das Kind in Tränen aus. Warum? »Mutter, ich will gar nicht im Himmel wohnen! Ich will auf der Erde wohnen!«

Religiöse Erziehung – das ist so etwas wie das Salz in der Suppe. Wenn es nicht da ist, haben die irdischen Erfahrungen keinen Geschmack. Sie bleiben alltäglich und grau, weil sie nicht kultiviert und gepflegt werden. (Die Worte »Kultur« und »Kultus« stammen von dem lateinischen »colere«: das Land bearbeiten.) Wenn die religiöse Erziehung zu Zwang und einer Überdosis führt, können wir den »Geschmack« der kindlichen Erfahrungswelt gründlich verderben. Die Dosis kann man nicht vorschreiben. Für jedes Kind muss man nach einem eigenen Rezept suchen!

Die Kinderlager – ein Beispiel aus der Praxis

Ein Gebiet, auf dem wir religiöse Ansatzpunkte der Erziehung jährlich in die Praxis umsetzen und prüfen, ist das der Kinderlager der Christengemeinschaft. Hier können wir bis ins tägliche Leben und in den täglichen Umgang hinein etwas von den Aufgaben der religiösen Erziehung realisieren. In den vielen Jahren, in denen diese Lager veranstaltet werden, hat diese Arbeit sich stark entwickelt und ausgebreitet.

Die Absicht dieser Kinderlager ist es, junge Menschen wieder mit den Welten in Verbindung zu bringen, denen sie in zunehmendem Maße entfremdet werden. Religion, Wieder-Verbindung ist in der Gegenwart auf vielen Gebieten eine Notwendigkeit geworden. In zunehmendem Maße drohen wir – und unsere Kinder mit uns – uns der Wirklichkeit zu entfremden. Das gilt nicht nur für die Wirklichkeit der geistigen Welt, sondern ebenso für die der Seele und der physischen Welt.

Um wieder Vertrauen in die *Welt unter uns* zu bekommen, suchen wir mit den Kindern nach Möglichkeiten, sich mit der Natur und den Elementen zu verbinden. Dabei geht es nicht nur um eine Vielfalt von Eindrücken, sondern vor allem um das Verarbeiten und Vertiefen dieser Eindrücke. Es gibt unzählige Möglichkeiten – allerdings in einer Umgebung, die dazu einlädt –, sich intensiv mit der Natur und ihren Elementen zu verbinden.

Aus der Vielzahl der Aktivitäten, die wir mit den Kindern unternehmen, nenne ich: in völliger Stille bei Sonnenaufgang eine Wanderung machen; eine Nachtwanderung unter dem Sternenhimmel; verschiedene Spiele und Spielchen, bei denen die Sinneswerkzeuge den Weg weisen müssen; eine ausgelassene Wasserschlacht – oder in aller Ruhe ein Lagerfeuer genießen. In diese Reihe gehören aber auch die Mahlzeiten, sorgfältig zusammengestellt und dankbar genossen, aber auch mit viel Humor gespickt. Es gibt genau so viele Gelegenheit, sich »auszuleben« wie sich »einzuleben«.

Gerade durch diesen Wechsel, bewusst herbeigeführt, ist es beispielsweise möglich, mit fast hundert Menschen eine Zeit lang in völliger Stille ein Lagerfeuer zu beobachten. Wenn man solche Eindrücke sinken lassen kann, bekommen sie einen größeren Wert.

Der Tag ist so aufgebaut, dass immer Aktivität und Ruhe, Aus- und Einatmen, gemeinsames und individuelles Tun einander abwechseln. Dieser ausbalancierte Tages- und Wochenaufbau bringt es zustande, dass sich Kinder zusehends von sozialen Spannungen und Stress erholen. Der diensttuende Arzt im Nachbardorf wundert sich seit Jahren darüber, dass er bei einer so großen Anzahl von Kindern selten zu Hilfe gerufen wird!

Außer dem Vertrauen in die Welt unter uns muss bei vielen Kindern neues Vertrauen in die *Welt neben uns* geweckt werden. Dazu ist eine fortwährende Begleitung jeder Kindergruppe nötig. Bei jedem Lager ist es eine Herausforderung für die Helfer, jedem Kind seinen eigenen Platz im Ganzen zu geben – auch dem Einzelgänger oder Außenseiter. Im Tätigsein versuchen wir, die Besonderheiten jedes Kindes zu entdecken und dafür Raum zu schaffen. Kinder, die durch Erziehung oder andere Umstände gestört sind, werden, wenn es nötig ist, von dem ganzen Helferkreis begleitet, so dass ein soziales Netz entsteht, in dem das Kind sich getragen weiß.

Und schließlich ist Re-ligion im engeren Sinn des Wortes: Wiederverbindung mit der *Welt über uns*; auch diese Verbindung verlangt dringend der Kultivierung. Die Sprüche, die das Kind durch den Tag begleiten, die Geschichten, die während der vierzehn Tage des Kinderlagers erzählt werden, und die Sonntagshandlung sind die dafür eingesetzten Mittel. Aber im Zusammenhang dieser intensiven Lebensgemeinschaft bekommen die bekannten Mittel einen neuen Wert. Die Sonntagshandlung beispielsweise steht nicht isoliert da, sondern wird am Abend zuvor durch eine »Samstagabend-Feier« vorbereitet, bei der im selben Raum erzählt, gesungen und musiziert wird.

Genauso wichtig wie das Sichtbare und Hörbare ist die »unsichtbare Religion«, die das tägliche Leben begleitet: der Respekt vor der Welt unter uns, neben uns, über uns, die man als Erwachsener in einem gründlich vorbereiteten Helferkreis den Kindern vorlebt – oft ohne zu viele Worte.

Erst im Laufe der Jahre machte ich mir klar, dass diese religiöse Form schon früher einmal aufgeklungen war – zwar nicht in der Praxis, sondern in schriftlicher Form. Goethe beschreibt in seinem Roman *Wilhelm Meisters Wanderjahre* eine Erziehungsmethode, in welcher die drei Formen der Ehrfurcht entwickelt werden: Ehrfurcht vor dem, was *über, neben* und *unter* uns ist. Von Christentum können wir erst sprechen, wenn wir jeder dieser drei Welten Ehrfurcht erweisen.

Phasen in der religiösen Entwicklung

Die Beschreibung religiöser Erziehung, die Rudolf Steiner seinerzeit den Lehrern und Pfarrern gab, geht nicht von einem im Voraus erstellten Lehrplan oder einem Programm aus, sondern von den Entwicklungsphasen des Kindes. Das bedeutet zugleich, dass es bis auf den heutigen Tag nirgendwo festgelegt ist, was mit den Kindern eines bestimmten Alters getan werden soll. Doch stellt diese Tatsache uns immer wieder vor die Aufgabe, stets genau hinzuschauen und zu lauschen, in welcher Phase sich die Kinder in ihrer religiösen Entwicklung befinden. Und daran muss abgelesen werden, für welche Themen und Geschichten jetzt der richtige Zeitpunkt ist. Keine Methode, kein Lehrbuch, hinter dem man sich verschanzen könnte; der Ansatzpunkt ist immer eine direkte Begegnung mit den Kindern.

Steiner skizziert die religiösen Entwicklungsphasen des Kindes – betont daneben aber, dass die Imponderabilien die wirksamsten Kräfte in der Erziehung sind: das, was wir noch nicht oder nur kaum können, was wir noch nicht sind, wonach wir aber suchen und tasten. Wenn dieses Element fehlt, mühen wir uns vergeblich ab, dem Kind etwas beizubringen. Im Laufe der Jahre kann man erfahren, dass dieses unwägbare Element unverzichtbar ist. Wenn man eine Geschichte zum zehnten oder zwanzigsten Mal erzählt, wird man doch jedes Mal wieder von vorn beginnen müssen, um sich aufs Neue (vielleicht anders als beim vorigen Mal) dafür zu begeistern und hoffentlich den Funken überspringen zu lassen.

Bis zum Erwachsensein können wir drei Phasen in der religiösen Entwicklung erkennen. Selbstverständlich bedeutet dies nicht, dass die jeweils vorangehende Phase nicht in die nächst folgende weiterwirken könnte – oder sogar umgekehrt. Manchmal werfen kommende Ereignisse ihre Schatten voraus, auch in der Entwicklung des Kindes.

In der ersten Zeit seines Lebens ist das Kind noch ganz und gar mit der Welt verbunden, aus der es kommt. Eigentlich kann man dabei nicht von Re-ligion sprechen.[6]

Das Kind ist noch mit der geistigen Welt verbunden. Das müsste man eigentlich mit einem ungebräuchlichen Wort »Ligion« bezeichnen. Das Kind »liest« ganz selbstverständlich im Buch der Natur. Es ist noch »heidnisch« in der ursprünglichen Bedeutung des Wortes: jemand, der draußen auf der Heide wohnt. Kleine Kinder befinden sich noch im Stadium der Naturreligion. Oft können sie auf geniale Weise aus ihrer ursprünglichen Verbundenheit heraus in Worte fassen, was die Natur ihnen sagt. »Wüchsen die Kinder in der Art fort, wie sie sich andeuten, so hätten wir lauter Genies«, schreibt Goethe in Dichtung und Wahrheit.

Äußerungen von Kindern in dieser Zeit haben eine Treffsicherheit, die später selten wiederkehrt. Ein kleines Kind, das zum ersten Mal bewusst ein Gewitter erlebte, stellte hinterher fest: »Der Blitz ist ein Riss in der Welt. Weißt du, von wem ich das gehört habe? Vom lieben Gott ...« Die Naturerscheinungen sagen Kindern in diesem Alter mehr als nur logische oder biologische Wahrheiten. Sie werden oft religiös erlebt.

Ein sechsjähriger Junge kam immer wieder an einen windgeschützten Platz, an dem eingesponnen eine Libellenlarve hing. In einem unbeobachteten Augenblick war die Libelle ausgeflogen. Als der Junge die leere Hülle angesehen hatte, kam er zu seiner Tante mit einer Frage, die eigentlich schon die Antwort in sich trug: »Tante, wenn ein Mensch stirbt, geht es mit seiner Seele doch sicher genauso?«

Jean Paul spricht treffend von der »wandernden Kinderkirche«, wenn er diesen Aspekt der Erziehung beschreibt. In diesem Stadium geht es darum, das Göttliche in der Natur zu erleben. So ganz selbstverständlich ist das heutzutage nicht. Dazu muss man sich als Erzieher die Zeit nehmen, um auf einer Wanderung mit Kindern stehen zu bleiben. Wenn wir im Erwachsenentempo durch die Natur jagen, sind wir einer Fülle von Eindrücken ausgesetzt. Als ich eine Gruppe von Kindern nach den großen Ferien zeichnen ließ, was sie erlebt hatten, zeichnete ein neunjähriger Junge ein Labyrinth von Wegen, Verkehrsschildern und Autos: In atemberaubenden Tempo hatten seine Eltern ihm »Europa gezeigt«!

Die Eindrücke werden erst dann tiefer, wenn wir selbst mit Aufmerksamkeit und Ruhe, mit Dankbarkeit und Ehrfurcht schauen und lauschen. Unvergesslich ist das Erlebnis, als wir mit unserer Familie eine helle Nacht in den Bergen verbrachten. Wir brachten die Kinder mit Schlafsack und Decken nach draußen und wurden zusammen mit ihnen klein angesichts der überwältigenden Sternenwelt. Nimm dir Zeit – auch wenn es nicht jederzeit möglich ist! Ein kleines Kind war so beeindruckt von der aufgehenden Sonne, dass es sagte: »Ich werde mir den ganzen Tag den Sonnenaufgang ansehen!«

»Wo Kinder sind, da ist ein goldenes Zeitalter«, schreibt Novalis, in dem er auf diese erste Phase im Leben eines Kindes hinweist. Das klingt so schön – aber wenn wir dem Kind in dieser Phase keine wertvollen Eindrücke verschaffen, ist das goldene Zeitalter im

Nu vorbei. Auch unsere kleinen Kinder sind schon früh ein Teil einer Welt, die der Natur entfremdet ist. Wir werden uns bemühen müssen, ihnen eine erkennbare Welt zu zeigen. Das Kleinkind, das die Sandkiste eher kannte als den Strand, fragte nach langem Graben am Meeresufer: »Wie lange muss man eigentlich graben, bis man ans Plastik kommt?« Ein anderes Kind fragte sich in diesem Alter: »Wie macht man eigentlich Samen?« Worauf die Mutter antwortete: »Die machen die Menschen nicht – die werden von den Pflanzen gemacht.« Und die nachgesetzte Frage des Kindes: »Aber Samen kommen doch immer aus einer Tüte?«

Bis etwa zum neunten Lebensjahr ist die Welt – abgesehen von derartigen Missverständnissen – noch mehr oder weniger ein Ganzes für das Kind, zumindest, wenn wir es nicht vorzeitig »erwachsen« werden lassen. Umgekehrt: Was für uns Erwachsene oft unbegreiflich ist, kann für Kinder die selbstverständlichste Sache der Welt sein. Eine Mutter, die ihr Kind zum ersten Mal mit zur Sonntagshandlung nahm, war hinterher schockiert über all die schwierigen Wörter. »So spricht man doch nicht zu Kindern?« Ihre Tochter hatte jedoch keinerlei Mühe und sagte: »Aber das waren doch Worte von Gott!« In diesem Alter scheint selbst Schwierigstes noch zugänglich zu sein. Vaterreligion oder Naturreligion könnte man das Element nennen, in dem die Kinder von klein auf zu Hause sind. So sind auch Motive aus dem Alten Testament geeignet für diese Phase.

Um das neunte Lebensjahr herum wird diese selbstverständliche Erlebniswelt durchbrochen. Dieser Durchbruch kann sogar von einem auf den anderen Tag geschehen. Ein ergreifendes Beispiel dieser Krise beschreibt das behinderte Kind Christy Brown in seiner Lebensgeschichte:[7]

Meine Welt war aus den Fugen geraten. Ich hatte den Boden unter den Füßen verloren. Das Leben schien einen bitteren Geschmack bekommen zu haben. Alles war so ganz anders, ich sah jetzt alles anders, und ich empfand alles anders. Jetzt war ich selten glücklich. (...) Bisher hatte ich niemals über mich selber nachgedacht. Es hatte sich zwar manchmal ein unbestimmtes Gefühl bemerkbar gemacht, welches andeutete, dass ich nicht wie die anderen war, ein unbehagliche Regung in meiner Seele, die kam und wieder ging. Aber das war nur ein einziger dunkler Punkt im Glanz der Dinge gewesen, und ich hatte mich schnell daran gewöhnt, darüber hinwegzugehen.«

In allen Tonarten tritt, zusammen mit einem erwachenden Bewusstsein, eine Ernüchterung oder gar Enttäuschung auf. Die Kinder schauen plötzlich mit anderen Augen auf Menschen und Dinge. Die Welt ist nicht mehr »rund«. Als ich Neunjährigen die Geschichte von David und Bathseba erzählt hatte – worin er, um Bathseba heiraten zu können, ihren Mann im Kampf fallen lässt – sagte ein Kind aus tiefstem Herzen: »Diese Seite kannst du gern aus der Bibel herausreißen!« Plötzlich war ein Mensch, der vollkommen zu sein schien, von seinem Podest gefallen. Wenn etwas Derartiges erzählt wird, sind Kinder in diesem Alter mehr als vorher davon berührt.

Wie sehr die Welt auseinanderfällt, wird auf eindrucksvolle Weise in einem sich immer wiederholenden Angsttraum illustriert, den ein zehnjähriger Junge beschrieb. In seinem Traum stand er vor zwei Dingen: einem großen Goldklumpen und einem Quell kristallklaren Wassers. Immer wieder sollte er zwischen beiden wählen. Und – selbst wenn er etwas anderes vorhatte –, jedes Mal griff seine Hand nach dem Gold. Danach wachte er voller Angst auf.

Die Zeit des unbekümmerten Kinderparadieses ist vorbei. Die Welt des kristallklaren Wassers ist unerreichbar geworden. Die Erde mit all ihren Widerborstigkeiten und Herausforderungen verlangt danach, urbar gemacht zu werden. Einen »Rubikon« nennt Rudolf Steiner den Übergang, der in dieser Phase gemacht wird. Als Julius Cäsar 49 n. Chr. den Rubikon, Grenzfluss zwischen Italien und Gallien, überquert hatte, gab es nur noch den Weg nach vorn. Auch das Kind kann nicht mehr zurück.

Selbst wenn Kinder nichts über ihre Erlebniswelt aussprechen, kann man ihnen ansehen, wann diese neue Entwicklungsphase beginnt. Sie schauen mit anderen Augen. In der Sonntagshandlung, in der jedes Kind in einem bestimmten Augenblick dem Priester die Hand gibt, werden Kinder in diesem Alter zurückhaltend. Bei kleinen Kindern ist der Blick offen und unbefangen; manchmal ist es, als trete man in eine große Weite ein, wenn man ihrem Blick begegnet. Wenn die Kinder älter werden, hat man ein Wesen vor sich, das deutlich eine »geschlossene« Persönlichkeit zu werden beginnt.

Die Welt ist nicht mehr beseelt wie im Märchen. In dieser Altersphase wollen Kinder auch keine Märchen mehr hören; die Geschichten müssen »wirklich« passiert sein. Mit der wachsenden Distanz wird die kindliche Einsamkeit geboren. Das Kind hat in diesem Alter Geheimnisse; nicht alles, was in ihm vorgeht, kann es mit anderen teilen. In diesen ersten Erfahrungen von Einsamkeit wird aber auch der Keim zum Erleben des eigenen Ich gelegt.

Bruno Walter (1876 – 1962), der später als Dirigent

berühmt wurde, beschreibt, wie er einmal als Zehnjähriger allein auf dem Schulhof war und plötzlich von der Stille, der Einsamkeit überwältigt wurde. In dieser »Leere« wird ein neues Lebensgefühl geboren, das er mit den Worte ausdrückt: »Ich bin ein Ich.«

Manchmal kann sich im Alter um das neunte Lebensjahr herum etwas von dem zukünftigen Schicksal oder Beruf ankündigen. Heinrich Schliemann sprach mit acht Jahren mit unfehlbarer Sicherheit aus, was er später tun würde. Bei dieser Gelegenheit hielt er auch gleich um die Hand seiner kleinen Freundin Minna an und versprach ihr, später, wenn sie verheiratet sein würden, die Stadt Troja auszugraben und das Königsgrab von Mykene auszuheben. Obwohl Minna ihm nicht treu blieb, wurde doch, als er 49 Jahre alt war, der Rest dieses Kindertraums verwirklicht.

Im Erleben der Trennung von der Kindheit wird ein erstes Bewusstsein der eignen Individualität, des eigenen Schicksals, aber auch dessen, der dieses Schicksal leitet, geboren. Das Kind bekommt durch seine andere Art die Möglichkeit, etwas von der Wirksamkeit des Christus zu begreifen. Anstelle der Vaterreligion geben wir dem Kind nun erste Bilder aus dem Leben des Jesus-Christus. Jetzt werden Motive aus dem Neuen Testament erzählt. Im Älterwerden können sie mit biographischen Skizzen abgewechselt werden. Mit der notwendigen Behutsamkeit suchen wir dabei, ausgesprochen oder auch nicht, nach den Wirksamkeiten des Christus im menschlichen Lebenslauf. Mit einer ebensolchen Behutsamkeit und solchem Takt kann ein Priester ab und zu aus dem Leben der Gemeinde, wie Geburt, Konfirmation, Hochzeit und Sterben erzählen.

Rudolf Steiner gibt für diese zweite Phase, die etwa

vom zehnten bis zum fünfzehnten Jahr dauert, den Hinweis, auf verschiedene Art von besonderen Schicksalen zu erzählen. In Biographien kann etwas von der Wirksamkeit des Genius, des Schutzengels erkannt werden. Es gibt jedoch Individualitäten, die auch höheren hierarchischen Wesen auf ihrem Lebensweg Raum geben. So beschreibt Jeanne d'Arc ihr Lebenswerk als einen Auftrag des Erzengels Michael. Ebenso kann eine große Persönlichkeit etwas vom Wirken der Archai, der Zeitgeister zum Ausdruck bringen. Der Maler Rembrandt legt in seinem einzigartigen Werk vom Geist seiner Zeit Zeugnis ab.

Engel, Erzengel, Zeitgeister – und schließlich Christus selbst im menschlichen Lebenslauf erkennen zu lernen, ist eine spannende, subtile Aufgabe, durch die das Christentum in seiner ganzen Tiefe erfahrbar werden kann. Denn praktisches Christentum kann dort entstehen, wo wir lernen, den Christus im anderen Menschen zu erkennen und ihm zu dienen. Dafür wird in dieser Altersphase bei den Kindern die Grundlage gelegt.

Wenn das vierzehnte Lebensjahr näherrückt, spielen sich noch einmal tiefgreifende Veränderungen im Kinderleben ab. Noch einprägsamer und intensiver wird es auf sich selbst zurückgeworfen.

Ein vierzehnjähriger Junge träumte in dieser Phase wiederholt, dass er einen bleischweren Mantel anziehen musste. Und so wie er früher mit Puppen gespielt hatte, spielte er jetzt mit einem Miniaturskelett aus Plastik, aus dem er eine Marionette machte. Die Vorstellung begann mit den Worten: »Ich habe keinen einzigen Freund. Niemand sorgt für mich.« Das Kind ist isoliert. Gründe genug, es in dieser Zeit in aller Stille intensiv zu begleiten.

Man könnte sagen: Wie das Kind am Anfang seines Erdenweges ein »Himmlischer« war, so ist es jetzt ein »Irdischer« geworden, ist auf die Erde gerichtet. Nun erst kann es die Erfahrung des Todes bewusst durchmachen. Alte Pubertätsrituale ließen oft buchstäblich den Tod zu Wort kommen, um Kinder den Schritt ins Erwachsensein machen zu lassen. In einem Jugendbuch, das sehr geeignet für diese Lebensphase ist, gibt Rosemary Sutcliff eine eindrucksvolle Beschreibung eines solchen Pubertätsritus:[8]

Drem (…) hörte die feierlichen Fragen und die feierlichen Antworten.
»Wer ist es, den ihr vor mich bringt?«
»Wir bringen einen Knaben, dass er als Knabe sterbe und als Krieger zurückkehre zu seinem Stamm …«
(…) Und nun folgten sie einer nach dem anderen, weder links noch rechts schauend, Midir zum Dorf hinaus und den langen Hang hinan ins Auge der untergehenden Sonne, während hinter ihnen die Frauen die Totenklage anstimmten: »Wehe, o wehe!«
Die Feuer des Sonnenuntergangs flammten immer noch hinter der Hohen Kreide, als sie über die breite Schulter des Versammlungsberges zogen, dicht vorbei an den Grabhügeln des Streiters, der oben auf der Kuppe schlief, und auf der anderen Seite in die Mulde zwischen den Bergen hinabstiegen, in der die Krieger des Stammes geweiht wurden.
(…)Hier war eine niedrige, mit einer mächtigen roten Ochsenhaut bedeckt Bahre aus Grassoden, und, immer noch ohne ein Wort, griffen sie den jüngsten der Neuspeere und legten in darauf wie zum Opfer.

Der Sprung ins Erwachsensein ist immer ein Sprung in die Tiefe, in die Schwere, der Erde entgegen. Ein Inselvolk im Südpazifik lässt seine Jungen diesen Sprung leiblich tun: Von einem mehrere Dutzend Meter hohen Bambusturm müssen sie in die schwindelnde Tiefe springen, an ihren Fersen Lianen befestigt. Das Abenteuer verläuft meistens ohne Unglück.

Was in alten Kulturen äußerlich vollzogen wurde, spielt sich bei uns mehr Innern ab, obwohl Kinder ein großes Bedürfnis danach haben, in diesem Alter äußerlich Mut zu beweisen! Ist dies das Erfolgsgeheimnis des »Überlebenstrainings« in diesem Alter?

Der Eintritt in diese neue Lebensphase wird in der Christengemeinschaft durch das Sakrament der Konfirmation vollzogen. Wie das Kind bis dahin von Erziehern und Eltern geleitet worden ist, so begegnet der junge Mensch nun dem Christus als seinem seelischen Führer. Ein dreizehnjähriges Mädchen gab diesem bedeutenden Übergang kurz nach der Konfirmation in einem Gedicht Ausdruck:

Dreizehn Jahre hinter mir,
Meine Kindheit kehrt nicht mehr zurück,
Einen kurzen Weg gegangen,
einen langen Weg zu gehen.
Einen Führer in dir selbst finden.
Erst dann kann man sagen:
Ich werde erwachsen.

In der nun folgenden Phase ist eine neue religiöse Strömung angesagt. Nach der Zeit der Vaterreligion und der Sohnesreligion könnte man hier von der Religion des Geistes sprechen. Die Legende erzählt, dass die zwölf Apostel beim ersten Pfingstfest jeder einen Satz des Credos gesprochen haben sollen.[9] Jeder konnte auf seine Weise dem Christentum Ausdruck verleihen, wie es in ihm lebte. In der großen Rede des Petrus an das versammelte Volk wird besonders das religiöse Verständnis als Wirksamkeit des Heiligen Geistes angesprochen: »Ihr Männer von Judäa und ihr alle, die ihr in Jerusalem wohnt, dies sei euch kundgetan; nehmt meine Worte zu Ohren.« (Apg 2,14)

So kann auch in der Lebensphase, die dem vierzehnten Lebensjahre folgt, mit der entsprechenden Begleitung ein eigenes, einzigartiges religiöses Verständnis entstehen. Für die Waldorfschulen, in denen der Religionsunterricht bis ins zwölfte Schuljahr fortgesetzt wird, gibt Rudolf Steiner unter anderem die Apostelgeschichte (Wie findet das Christentum durch die verschiedenen Apostel seinen Weg zu den Völkern?) und die großen Weltregionen als geeignete Themen an.

Die Substanzen der Taufe und die religiöse Entwicklung

»Erziehen ist die Kunst des angewandten Christentums.« Dieser Ausspruch Pestalozzis findet bei der Taufe der Christengemeinschaft eine überzeugende Bestätigung. Drei Taufsubstanzen, die auf den ersten Blick nichts mit dem Kind zu tun haben – Wasser, Salz und Asche – werden nacheinander auf Stirn, Kinn und Brust des Täuflings gebracht. Und doch bergen diese drei Substanzen wie in einer Nussschale den ganzen Entwicklungsweg des Kindes.

In der erstgenannten Phase seiner Entwicklung ist das Kind noch »wie ein Fisch im Wasser« eins mit seiner Umgebung, eins mit der Welt, aus der es stammt. Bis in die physische Erscheinung hinein lässt es etwas von dem Element Wasser sehen. Man kann an das Fruchtwasser denken, in dem das Ungeborene schwimmt, oder später an das Knochensystem eines kleinen Kindes, das noch plastisch ist.

Im Laufe der Entwicklung tritt ein anderes Element in den Vordergrund: Das Schulkind verlangt Struktur, klare Form und solide Festigkeit. Bis in den Körperbau (die runden Kleinkindformen verschwinden und machen dem strukturierten Längenwachstum Platz) gewahren wir etwas von diesem anderen Element: Die zweite Taufsubstanz, das Salz, lässt die genannten Eigenschaften – Struktur, klare Form, Festigkeit – ganz besonders in Erscheinung treten.

In der Pubertät schließlich werden Kräfte frei, die eine gewisse Ähnlichkeit mit der dritten Taufsubstanz aufweisen. Den Feuerprozess, der dieser Substanz zugrunde liegt, erkennen wir nur allzu gut in der dritten Entwicklungsphase des Kindes: sowohl in den »flammenden« Idealen und Idolen als auch in dem Bedürfnis, alte, überlieferte Formen »in Schutt und Asche zu legen«.

Bei der Taufe werden die drei Substanzen auf Stellen gebracht, an denen sie nicht selbstverständlich sind: das strömende Wasser auf den verhärtetsten Teil, die Stirn; das Salz auf den beweglichsten Teil des Schädels, das Kinn; das ganz und gar tote Element, die Asche, die sogar alle Struktur verloren hat, auf das Lebensgebiet der Brust, wo Atmung und Herzschlag ihren Platz haben.

»In der Suche nach dem Gleichgewicht findet man den Christus«, sagt Rudolf Steiner. Eine Bemerkung, die uns für die Erziehung zu denken gibt: Nicht das Gleichgewicht selbst, als erreichter Status, sondern die Suche nach dem Gleichgewicht ist das eigentlich christliche Element, auch in der Erziehung. Man könnte auch sagen:

Dort, wo die Einseitigkeiten, die in einem Menschen verankert sind, miteinander in eine Wechselbeziehung treten, entstehen aus der natürlichen Anlage die eigentlichen menschlichen Fähigkeiten.

Dieser Übergang wird in einem Spruch von Rudolf Steiner treffend charakterisiert. Im ersten Teil werden die Fähigkeiten in ihrer Einseitigkeit beschrieben: die Lichtqualität des Denkens; der webende Charakter des Fühlens; die impulsierende Kraft des Willens. Das Menschliche entsteht jedoch erst dann, wenn diese Einseitigkeiten einander begegnen und ergänzen; wenn Kopf, Herz und Hände miteinander kommunizieren.[10]

Ecce homo

In dem Herzen webet Fühlen,
In dem Haupte leuchtet Denken
In den Gliedern kraftet Wollen.
Webendes Leuchten,
Kraftendes Weben,
Leuchtendes Kraften:
Das ist der Mensch.

Wenn wir zum Ursprung dieses Prinzips zurückgehen wollen, kommen wir zu einer mehr oder weniger verborgenen Strömung im Christentum: zu der Strömung der mittelalterlichen Rosenkreuzer. Meist werden die drei Principia, mit welchen die Alchimisten umgingen, mit den Namen Mercurius (Quecksilber) – Sal (Salz) – Sulfur (Schwefel) bezeichnet. Auch hierin sind die genannten Qualitäten wieder zu erkennen. Ein alter lateinischer Spruch aus der Rosenkreuzertradition spricht jedoch von Wasser, Salz und Asche in ihren Qualitäten:[11]

Salz, Wasser, Asche

Im Salz der ewigen Weisheit und im Wasser der Wiedergeburten und in der Asche der wiedererstanden neuen Erde bilde sich Alles durch Elohim Gabriel, Raphael und Uriel, in Jahrhunderten und Jahrtausenden. Amen.

In sale sapientiae aeterna et in aqua regenerationis et in cinere germinante terram novam, omnia fiant per Elohim Gabriel, Raphael et Uriel in saecula et aeones. Ame.

Es ist eine interessante Entdeckungsreise, diese klassische Formulierung zu vergleichen mit den Worten im Taufritual der Christengemeinschaft.

Erzählungen und Geschichten in der religiösen Erziehung

Aus dem vorangehenden Kapitel mag deutlich geworden sein, dass es in den Religionsstunden nicht nur um schöne Geschichten geht. Ausschlaggebend ist die Stimmung, aus der heraus erzählt wird. Noch viel größer als die Kunst, die geeignete Geschichte zu finden, ist es, den richtigen Ton zu finden. Der französische blinde Widerstandskämpfer Jacques Lusseyran bringt dazu ein ganz besonderes Beispiel.[12] Seine Aufgabe war es, die Menschen zu beurteilen, ob sie geeignet sein würden, zu einer Widerstandsgruppe zu gehören. Um das zu erfahren, hörte er den Menschen zu, und zwar nicht in Bezug auf das, was sie sagten, sondern wie sie es sagten.

Jenes Element der Sprache, das wir den Ton nennen, in dem etwas gesagt wird, nennt er die »moralische Musik«. Darin drückt jemand seine eigentlichen Intentionen aus. Kinder sind hierfür noch sehr empfänglich und haben ein scharfes Wahrnehmungsvermögen für wahre und falsche Töne in der moralischen Musik! Deshalb muss der Erzähler in seiner Vorbereitung mit sich selbst und mit der Geschichte zu Rate gehen, wie er der religiösen Stimmung auf die Spur kommen kann.

Eigentlich müssten die Kinder bei jeder Geschichte erleben können: Hinter dem Erzähler steht jemand, der größer ist als er. So, wie wir als Kinder von den Erwachsenen geführt werden, so wird er von diesem Größeren geführt. Nur in einer solchen Stimmung kann man von gesunder Autorität sprechen, von einer Form der Führung, die das Kind in dieser Phase nur allzu nötig hat. Nichts ist in diesem Stadium der Entwicklung so störend, wie sich grenzenlos und ohne Führung bewegen zu dürfen. Ein Kind, das eine durch und durch antiautoritäre Erziehung bekam, rief einmal verzweifelt aus: »Warum muss ich immer tun, wozu ich Lust habe?«

So geht es in der religiösen Erziehung um den Ton, der angeschlagen wird. Indem man mehr aus dem Gefühl und dem Willen heraus erzählt und weniger aus dem Denken, wird an diese Seelenbereiche des Kindes appelliert. Bis in die Art und Weise, in der Konsonanten und Vokale ausgesprochen werden, ist dies hörbar. Aber auch die Auswahl der Geschichten spielt eine wichtige Rolle. Wenn die dargestellten Bilder spirituell wahr sind, werden sie bewusst oder unbewusst als solche erkannt.

Das griechische Wort für Wahrheit deutet darauf, dass Wahrheit nicht gemacht werden kann, sondern, einmal ausgesprochen, in der Erinnerung auflebt: a-letheia, das, was nicht durch den Fluss des Vergessens, die Lethe, gegangen ist, nannte man Wahrheit. Die Seele musste vor der Geburt durch diesen Fluss gehen, um das zu verlieren, was sie in ihrer vorgeburtlichen Weisheit noch wusste. Ein Teil davon kann jedoch im Lauf des Lebens auf der Suche nach Wahrheit wieder heraufgeholt werden! Manchmal erkennen Kinder alte, mythische Bilder ganz unvermittelt wieder.

Es kostete mich seinerzeit Mühe, zehnjährigen Kindern die ersten Schöpfungsbilder aus dem nordischen Epos, der Edda, zu erzählen. Wie viele unterirdische, irdische und überirdische Welten schienen da aufeinander gestapelt zu sein. Bis ein Mädchen mitten in einer Geschichte plötzlich sagte: »Ja! So dachte ich früher, dass die Welt zusammenhing!« Danach fiel mir das Erzählen leichter.

Auch wenn das Erkennen nicht so frappant ist wie in diesem Beispiel, können Kinder sich oft mit den Personen in der Geschichte identifizieren. Ein dreizehnjähriger Junge schrieb zum Dank einmal das folgende kleine Gedicht, das Bände spricht:

»Die Geschichten der siebten Klasse
waren spannend und voller Abenteuer.
Ich dachte oft, ich wäre Parzival,
und so auch, glaube ich, meine Nachbarn.«

Bildhunger, so könnte man das intensive Bedürfnis der Kinder nennen, Bilder statt abstrakte Begriffe zu hören. Ganz tief nehmen sie diese Bilder in sich auf, erkennen sie, verdauen sie – um sie manchmal viele Jahre später in Lebenskräfte umzuwandeln. Auch wenn diese Bilder längst vergessen sind, schlummern sie noch tief in der Seele.

Einige Male konnte ich erfahren, wie stark Bilder sprechen, wenn sie nach vielen Jahren wieder ans Tageslicht kommen. Ich wurde als Achtzehnjähriger auf eine recht schockierende Weise mit dem Tod konfrontiert; und da kamen die lange vergessenen Verszeilen wieder hoch, die ich als Zehnjähriger auswendig gelernt hatte. Zeilen aus dem Gilgameschepos, in dem zum ersten Mal in der Weltliteratur das Rätsel des Todes in Worte gebracht wird:

»Gilgamesch, König von Uruk,
herrschte als göttlicher Held.
Unter den Menschen fand er
Seinesgleichen nicht …«

Was ich früher gedankenlos als Vers gelernt hatte, war zu einer Kraft geworden.

> *»Aber Enkidu schlug die Augen nicht auf.*
> *In Gilgamesch' Armen lag er, tot.«*

Sogar in hohem Alter kann ein Mensch beim Wiederhören oder Erinnern einer Geschichte oder eines Verses, die in der Kindheit erzählt worden waren, etwas von dieser Lebenskraft erfahren. Kurz vor ihrem Tod erzählte eine Frau, die Nächte voller Angst durchmachte, dass sie sich zu ihrer Verwunderung wieder an die Psalmen erinnerte, die sie als Kind gelernt hatte. »Als ich sie als Kind lernte, begriff ich nichts davon – aber nun sind sie ein Trost geworden.«

Rudolf Steiner beschreibt einmal, dass jeder Mensch mit Bildern geboren wird, die er aus der vorgeburtlichen Welt mitbringt.[13] Diese Bilder führen in der Tiefe der Seele ein schlafendes Dasein. Wenn sie jedoch nicht erkannt und heraufgeholt werden, wenn in der Erziehung nicht durch Bilder daran appelliert wird, können diese vorgeburtlichen Eindrücke zu einer vernichtenden Kraft werden.

> *»Denn was da tief drinnen sitzt in der Kinderseele, das sind die in der geistigen Welt empfangenen Imaginationen. Die wollen herauf. Und wenn der Lehrer oder der Erzieher sich richtig zum Kind verhält, bringt er ihm Bilder entgegen. Und indem der Lehrer Bilder vor das kindliche Gemüt hinstellt, zucken herauf aus dem kindlichen Gemüte diejenigen Bilder, oder besser gesagt, die Kräfte der verbildlichenden Darstellungen, die empfangen worden sind vor der Geburt oder, sagen wir, vor der Empfängnis.«*

Diese Bilder wirken vernichtend, wenn sie nicht heraufgeholt werden. Dann wirken sie bis in die Gedanken, Gefühle und Willensimpulse hinein. Und was entsteht hieraus?

> *»Rebellen, Revolutionäre, unzufriedene Menschen, Menschen, die nicht wissen, was sie wollen, weil sie etwas wollen, was man nicht wissen kann. (...) Wenn heute die Welt revoltiert, da ist es der Himmel, der revoltiert, das heißt der Himmel, der zurückgehalten wird in den Seelen der Menschen, und der dann nicht in seiner eigentlichen Gestalt, sondern in seinem Gegenteile zum Vorschein kommt, der in Kampf und Blut zum Vorschein kommt, statt in Imaginationen. Es ist daher gar kein Wunder, wenn jene Menschen, die sich an solchem Zerstörungswerk der sozialen Ordnung beteiligen, eigentlich das Gefühl haben, sie tun etwas Gutes. Denn was spüren sie in sich? Den Himmel spüren sie in sich; er nimmt aber nur karikaturhafte Gestalt an in ihrer Seele. (...) Und wer die Zusammenhänge kennt, der weiß, dass er in dem, was hier auf der Erde in Karikatur erscheint, wiederum zu erkennen hat dasjenige, was eigentlich himmlisch ist.«*

Ein Kollege aus dem früheren kommunistischen Ostdeutschland erzählte ein bemerkenswertes Beispiel von Widerstand, der in einem Kind entsteht, wenn die Bilder nicht stimmen. Ein zehnjähriges Mädchen aus einer atheistischen Familie war nach der Schule zu Besuch bei einem Priester und seinem Sohn, ihrem Freund. In ihrer Aufsässigkeit kam sie noch einmal auf die Geschichte zurück, die der Lehrer an diesem Tag erzählt hatte. Ganz im Stil der Parteipropaganda hatte er in der Geschichtsstunde von reichen Ausbeutern auf den alten Landgütern, von armen Leibeigenen, die unter der Geisel des Kapitalismus gebeugt waren, berichtet. Das Mädchen war damit ganz und gar nicht zufrieden. »Das ist nicht gut, was der Lehrer heute erzählt hat. Das war ganz anders. Weißt du, Christoph, ich kenne das alles. Ich glaube, dass ich das schon einmal erlebt habe, auf so einem Landgut. Da bin ich schon gewesen.« Und dann, in dem Versuch, ein geeignetes Bild zu finden, gebrauchte das Mädchen eine geniale Hilfsvorstellung, ein Bild, das in Ostdeutschland nur allzu bekannt war: das Bild von Menschen, die in langen Reihen warten, die vor den Geschäften »Schlange stehen«. »Ich stelle mir das so vor mit den Menschen: Wenn du stirbst, musst du Schlange stehen, du musst dich hinten anstellen – und wenn du vorne angekommen bist, dann kommst du wieder auf die Erde.«

So sucht das Kind sich, manchmal völlig entgegen den Wahnbildern unserer Erwachsenenwelt, passende Bilder. Was geschieht jedoch mit Kindern, die tagein, tagaus mit destruktiven, gewalttätigen Bildern in den Medien konfrontiert werden? Sind sie in dieser Flut von Eindrücken noch dazu in der Lage, etwas von ihrer eigenen, ursprünglichen Bilderwelt wiederzuerkennen?

Wenn ein Kind bewusst oder unbewusst keine Antwort mehr findet auf die Fragen: Woher komme ich? Wer bin ich? Wohin gehe ich? verliert es den Boden unter den Füßen. Das Dasein wird sinnlos und aussichtslos; es gibt keinen Nährboden mehr für die Freude am Leben, sondern den Drang zur Vernichtung. Die äußerst aktuellen Fragen nach Gewalt und Verhütung von Gewalt müssen an der Wurzel angepackt werden: der Hunger nach Bildern verlangt gesunde Nahrung.

Die ersten Geschichten, die wir Siebenjährigen im Religionsunterricht erzählen, haben etwas mit der Frage zu tun: Woher komme ich? In zunehmendem Maße haben die Kinder gegenwärtig ein bewusstes oder halbbewusstes Wissen von ihrem Ursprung. In ihrem Buch: »Früher als ich groß war« mit dem Untertitel: »Weit zurückreichende Erinnerungen kleiner Kinder« bringt die Theologin Joanne Klink beachtenswerte Beispiele hierzu.[14] Aber es reicht nicht aus, dass Kinder dieses Wissen mit sich tragen; sie erwachen erst aus ihrem »Dornröschenschlaf«, wenn sie vor erkennbaren Bildern stehen. Geboren werden, Einschlafen, Aufwachen, Sterben – das sind Ereignisse, die nach Aufhellung verlangen, aber nicht in dem Sinne biologischer Aufklärung, die in diesem Alter unverständlich für ein Kind ist.

In Märchenbildern ist das Rätsel von Geburt und Tod, von irdischer und geistiger Welt für das noch träumende Bewusstsein des Kindes verständlich dargestellt. Es müssen nicht immer die alten, bekannten Märchen zu sein. Die eindrucksvollsten Geschichten für Kinder sind die, in die sie wie in einen Spiegel schauen. Die Angst vor dem dunklen Weg in die Inkarnation, zur Erde hin, wandelt sich, wenn man ihnen erzählt, wie der Kern der Sonnenblume der Erde anvertraut wird, seine Wurzeln ins Dunkel streckt, mit seinem Stengel sehnsüchtig nach Wärme tastet und dem Sonnenlicht entgegenwächst: eine kleine Sonne, die die große Sonne findet. Hilfe auf dem Weg zur Erde – so könnte man die Geschichten in dieser ersten Phase nennen.

Für die Acht-, Neunjährigen muss auch das Böse seinen Platz in den Erzählungen bekommen. Vor allem die russischen Märchen, die viel drastischer als die westlichen Geschichten die Überwindung des Bösen beschreiben, können hierbei eine Hilfe sein.

Ich gebe von beiden Arten ein Beispiel. Das erste ist eine Bearbeitung, die Herbert Hahn, der erste Religionslehrer der Waldorfschule, von einer östlichen Erzählung gemacht hat: *Das goldene Kästchen*. Das rumänische Märchen: *Vom Knaben, der mit dem Buch zur Welt kam* beschreibt die Begegnung mit dem Bösen. Es ist außerordentlich spannend, darüber mit Kindern ins Gespräch zu kommen: Mit welchem »Buch« wird ein Mensch geboren? Wie kann man darin lesen?

In der Phase bis zum neunten Lebensjahr werden Bilder vom Göttlichen in der Natur gegeben. Das Kind wird mehr oder weniger vertraut gemacht mit einer Welt der Weisheit, die sich in den Naturreichen ausdrückt. Danach, in der Phase bis zum dreizehnten, vierzehnten Lebensjahr, begegnet das Kind in den Geschichten einer Welt der Liebe – in deren Mittelpunkt der Christus steht. Ein Meister in derartigen Erzählungen ist Leo Tolstoi, dessen Volkserzählungen für diese Phase gut zu gebrauchen sind. Hier folgt eine weniger bekannte Geschichte: *Die musizierenden Mönche*, in der nicht die Kunst oder die Kunde, sondern die Liebe den Ausschlag gibt.

Ein gutes Beispiel einer Erzählung vom Schicksal (geeignet für Zwölfjährige) ist die Geschichte *Die Glocke mit dem goldenen Ton*. Für die Phase ab dem dreizehnten bis vierzehnten Lebensjahr geht es um Geschichten, denen religiöse Ideen und Begriffe entlehnt werden können. Rudolf Steiner gibt das Beispiel der drei Bewusstseinszustände, die Parzival durchmachen muss: »Tumbheit« (geistige Taubheit, Narrheit), Zwîvel (Zweifel) und Saelde (Seligkeit). Beim Erzählen des Parzivalepos geht es darum, dass diese geistigen Entwicklungsstadien wiedererkannt werden können – auch in der Gegenwart.[15]

Das goldene Kästchen

Nach einem Motiv des Johannes von Damaskus
(7 - 8 Jahre)

In einem großen goldenen Haus lebte ein Vater mit vielen Kindern. Eines Tages sprach er zu einem seiner Söhne: »Nun ist es Zeit, dass du dich auf die Wanderschaft begibst.« Er führte den Sohn zu einer Treppe, die mit schier unendlichen Stufen abwärts ging. Einige Stufen hinab begleitete er ihn, dann aber sprach er: »Jetzt muss ich dich verlassen. Nur ein Ding kann ich dir mitgeben, auf das du wohl achten sollst.« Und er gab seinem Sohn ein goldenes Kästchen, welches jener sogleich in den Falten seines Gewandes verbarg. »Trage es immer bei dir«, sprach der Vater, »es wird dich leiten und wird dich schützen. Doch öffne es nie, bis du wieder zu mir zurückkehrst.«

Mit diesen Worten verabschiedete sich der Vater. Der Sohn ging die unendlich vielen Stufen hinab. Als er unten angelangt war, wollte er noch einmal hinaufblicken. Wie erstaunte er aber, als er sah, dass die Treppe verschwunden war. Dort, wo er eben noch frei geschritten war, erhob sich eine hohe, steile, schwarze Wand, an der kein Tritt, kein Vorsprung zu erkennen war. Vor ihm aber dehnte sich eine weite Fläche, die sich auf und ab bewegte: es war das Meer.

Als er so weder zurück noch vorwärts gehen konnte, und es ihm recht elend ums Herz werden wollte, sah er, wie vom Wasser her etwas auf ihn zukam. Es war ein Boot, doch ohne Ruder, ohne Steuer und ohne Mast. Ganz leicht stieß es an den schmalen Strand und schien ihn aufzufordern, doch hineinzusteigen. Einen anderen Weg gibt es ja nicht, dachte der Sohn. So sprang er beherzt in das Boot, das auch sofort anfing, ihn davonzutragen. Rasch trug es ihn aufs Meer hinaus, und von der steilen schwarzen Wand war bald nichts mehr zu sehen. Anfangs ging die Fahrt ganz ruhig, doch dann erhob sich ein frischer Wind, der munter zu blasen anfing. Da bekamen die Wellen weiße Kämme, und das Boot schwankte auf und ab. Immer heftiger wurde der Wind und wuchs zum Sturm an. Ja, schließlich war ein mächtiger Wirbelsturm da, und das kleine Boot wurde hin- und hergeschleudert wie eine Nussschale. Dem Sohn verging Hören und Sehen, und er konnte sich nur noch halten, wenn er sich ganz fest an die Rippen der Bootswand anklammerte. Plötzlich aber gab es einen gewaltigen Ruck: Das Boot war gegen ein Riff gestoßen. Es bekam ein großes Leck, füllte sich mit Wasser und begann zu sinken.

Der Sohn fühlte, dass er mit untergehen werde, wenn er im Boote blieb. Doch wo war eine Rettung? Wenn überhaupt, dann im offenen Meer. Kühn stürzte er sich in die brausende Flut, drückte aber dabei das goldene Kästchen, das er ja nicht verlassen wollte, mit der linken Hand an sein Herz. Kaum aber hatte die Woge ihn aufgenommen, als etwas Wunderbares geschah. Der Sturm hielt inne, die Wellen, die wie in einem Hexenkessel gewirbelt hatten, begannen in einer Richtung zu strömen, und das goldene Kästchen machte, dass der Sohn wie auf starken Armen dahingetragen wurde.

Wie lange er so schwamm, ist schwer zu sagen. Endlich trug es ihn an den Strand einer großen Insel. Eben hatte er das Land betreten, als er von einer ganzen Schar von Menschen umringt wurde, die aufgeregt riefen und jubelten:

»Ein König, ein neuer König!« Ehe er sich's versah, hatten sie ihm eine Krone aufgesetzt und einen herrlichen Mantel um seine Schultern geschlagen. Sie erhoben ihn, trugen ihn davon, und immer lauter wurde das Jubeln und das Rufen.

Denn allmählich war viel Volks hinzugeströmt, so dass sich ein großer Zug gebildet hatte. Flötenspieler, Bläser und Trommler waren wie vom Himmel niedergeregnet und schritten voran.

Als der Zug das Schloss erreicht hatte, wurde eine Festtafel gedeckt, und im Nu wurde an kostbaren Speisen und Getränken aufgetragen, was Küche und Keller nur bieten konnten. Alles wogte und brandete durcheinander, man lachte, plauderte, stieß mit den Gläsern an, und niemand schien darauf zu achten, dass der Neuankömmling, dem all dieses galt, mit fragenden, schier entsetzten Augen dasaß. Bald war auch kein Wort mehr zu verstehen, denn drinnen im Saal wurde der Lärm der Musikanten unerträglich.

Der Sohn war nach der langen mühsamen Fahrt noch gar nicht zu Atem gekommen. Er wusste wirklich nicht, wie ihm geschah, und was er von alledem halten sollte.

Wie er so umherblickte, sah er, dass unter all dieser ausgelassenen und tobenden Menge ein Mann da war, der ganz stumm und ernst dasaß. Er mochte schon sehr alt sein, denn sein Haar und sein Bart waren weiß. Er schien dem König gütig, aber fast traurig zuzulächeln. Da stand der Sohn leise auf, ging, ohne dass jemand es merkte, an den Alten heran und bedeutete ihm, dass er ihn sprechen wolle.

Sie gingen in ein abgelegenes Gemach: »Kannst du mir vielleicht sagen, was all das bedeuten soll?« fragte der Sohn eindringlich.

»Ich kann es, mein König«, erwiderte der Alte nachdrücklich und sehr ernst. – »Bin ich denn wirklich ein König?« rief der Sohn jetzt bestürzt. – »Du bist es. Doch nur für kurze Zeit.« – Und nun erzählte der Alte, dass jedes Jahr ein Fremdling auf diese Insel geworfen werde, der dann schalten und walten könne nach eigenem Begehr. Da sei er König, da könne er gebrauchen und genießen, was nur immer einem König zustehe, und der kleinste seiner Wünsche werde erfüllt.

»Doch wenn ein Jahr herum ist«, so fuhr der Alte fort, »dann hat die Herrlichkeit ein Ende, und zwar genau an dem gleichen Tag, an dem sie vor zwölf Monaten begonnen hat. Dann kommen die gleichen Leute, die ihrem neuen König zugejubelt hatten, stoßen ihn vom Thron, reißen ihm die Krone ab und rauben ihm den Königsmantel. Arm, wie er gekommen war, muss er an den Strand der Insel gehen. Und dann kommt ein unbemanntes Boot heran, in dem man weder stehen noch sitzen, sondern nur liegen kann. Es nimmt ihn mit sich und führt ihn nach einem einsamen Eiland. Dort ist alles öde und grau, stumm und leer. Kein Baum, kein Strauch, ja kein Grashalm wächst dort. Kein Würmlein regt sich im Sande, kein Mücklein in der Luft, und nie hat dort ein Vogel ein Lied gesungen.«

»Ja, so ist das Ende«, sagte der Greis und senkte den Blick.

»Aber das ist ja furchtbar«, rief der junge König aus. »Was soll mir dann all dieses Gepränge, dieses Festen, diese gellende Musik! Sag', gibt es denn gar keinen anderen Ausweg als die Fahrt zum öden Eiland?« -»Ich habe dir gesagt, was zu sagen mir allenfalls erlaubt war«, nahm der Alte auf. »Was mehr ist, das musst du selber finden. Doch ist es ein gutes Zeichen, dass du mich gleich am ersten Tage gefragt hast. Das hat bisher noch keiner der neuen Könige getan.« Und während er dies sprach, leuchtete sein Blick auf.

Der junge König dankte dem Ratgeber von Herzen.

Dann dachte er: bin ich schon König, so sollen sie es auch spüren. Und sofort gebot er, dass das Fest zu Ende sei, und dass Köche und Kellermeister, Trabanten und Musikanten alle miteinander nach Hause geschickt würden.

Dann zog er sich einsam in sein Schlafgemach zurück. Er überdachte, wie Seltsames er erlebt hatte; und dem, was ihm bevorstand, beschloss er, furchtlos entgegenzusehen. Ehe er einschlief, legte er das goldene Kästchen, das ihn so treu geleitet hatte, unter sein Kopfkissen.

In der Nacht hatte er einen seltsamen Traum. Er hörte eine Stimme, die ihm recht vertraut schien. Und die Stimme sprach: Geh zu den Armen, zu den Kranken, zu denen, die einsam sind!

Als er kurz vor Tagesanbruch wach wurde, hörte er die Worte noch deutlich nachklingen, und er grub sie tief in sein Herz ein. Und so kam es, dass er am Morgen alle die Leute zurückwies, die ihn mit übereifrigen Diensten umschwirren wollten. Von der goldenen Kutsche mit den weißen Pferden, die ihn zu einer Lustfahrt abholen sollte, wollte er ebensowenig wissen. Er wählte ein ganz einfaches Gefährt und nahm nur einen Arzt und einen einzigen Diener als Helfer mit. Und dann folgte er dem Rat, den er im Traum empfangen hatte. Er ging in die Hütten der Armen, stand an manchem Krankenlager und stieg in die dunklen Kerker hinab, wo Gefangene schmachteten. Viele von den letzteren waren längst von allen Menschen vergessen worden. Doch wie unnennbar groß war auch all das andere Elend: er hatte Tage, Wochen, ja Monate lang zu tun. Immer klangen die Traumworte in seinem Herzen nach und ließen ihn nicht rasten und nicht ruhen.

Die Leute im Schloss waren mürrisch. Sie sagten:

»Wir merken gar nicht, dass wir einen König haben!« – Ganz anders war es im weiten Umkreis der Insel. Da erhellten sich gar manche Gesichter, so dass man meinte, die Sonne habe ihnen zum erstenmal im Leben geschienen.

So war bald ein halbes Jahr und etwas mehr vorübergegangen. Wenn der König hie und da dem alten Ratgeber begegnete, sah jener ihn freundlich, ja ermutigend an. Das gab dem König Mut, und er glaubte, den rechten Weg zu gehen. Bei den letzten Begegnungen aber hatte der Greis wieder ein sorgenvolles Gesicht gezeigt. Da beschloss der König, ihn zu fragen: »Habe ich recht getan oder nicht?« – »Ich glaube schon, dass du recht getan hast«, erwiderte der Alte. »Aber vielleicht ist noch nicht alles geschehen, was geschehen sollte.« Und hier brach er ab, sodass der König merkte, dass er nicht mehr sagen wollte oder sagen durfte.

Doch was hätte noch geschehen sollen? War irgendeine Not übersehen oder versäumt worden? Der König sann und sann bis tief in die Nacht hinein. Plötzlich kam es ihm, dass er schon lange nicht mehr das goldene Kästchen unter sein Kopfkissen getan hatte. Nun tat er es wieder. Da schienen alle Sorgen leichter zu werden, und er schlief ein. In dieser Nacht sprach wieder die vertraute Stimme zu ihm und sagte: »Lass Schiffe bauen, lass Schiffe bauen! Rüste sie aus mit dem, was sprossen, was blühen und fruchten kann. Lass sie dann fahren ins Meer hinaus, wohin der Wind sie trägt. Kein Mann sei an Bord!«

Als der König wach wurde, ging gerade die Sonne auf. Sorgfältig sammelte er alle Worte, die er gehört hatte, in seinem Herzen. Und noch am gleichen Tage rief er die Zimmerleute und die Meister zusammen, die Schiffe bauen konnten. Das gab nun ein Dichten und ein Richten, ein Hämmern und ein Klopfen, dass den Leuten das Trommelfell weh tat. Aber die Augen gingen ihnen über vor lauter Staunen, als sie Schiff nach Schiff in die See gleiten sahen: völlig unbemannt, aber befrachtet mit Saatgut und jungen Obstbäumen und manchem, was sonst sprossen, blühen und fruchten kann.

Immer wenn ein Schiff abging stand der König am Ufer und blickte ihm nach, solange es nur zu sehen war. Im Übrigen aber versäumte er nicht, die Armen, die Kranken und die Einsamen zu besuchen. Gefangene gab es zu jener Zeit nur noch ganz wenige auf der Insel.

Jetzt aber kam der Tag, an dem das Jahr herum war. Der König erinnerte sich an alles, was der Alte ihm gesagt hatte, und rüstete sich auf das, was geschehen musste. Er trug das goldene Kästchen über seinem Herzen und kniete nieder zu seinem Morgengebet. Von draußen wurden Stimmen vernehmbar, die immer mehr und mehr anschwollen, sodass es war wie ein Sturm. Dann wurde es plötzlich ganz still. Jetzt werden sie kommen – dachte der König –, um mir alles wegzureißen, was des Königs ist. So geschehe nur, was geschehen soll!

Doch als er die Tür öffnete, trat nur ein einziger Mann ein. Es war einer von denen, die lange unbeachtet im Kerker gedarbt hatten. Er sprach: »Die Stunde ist da, und das höchste Gesetz dieser Insel hat alle Macht. Wir müssen Abschied nehmen von dir. Aber was wir an den früheren Königen, die deine Vorläufer waren, getan haben, an dir werden wir es nicht tun. Keine Hand ist da, die dir Krone und Königsmantel wegreißen könnte. Sei frei und tu sie selbst ab. Und dann will ich dich geleiten auf den Weg.«

Ohne Zagen tat der König, was die Stunde gebot. In dem schlichten Gewande, in dem er einst zur Insel gekommen war, trat er vor das Schloss hinaus. An der Straße aber, die er gehen sollte, hatte sich rechts und links ein dichter Wall von Menschen gebildet. Alle verharrten in tiefem Schweigen und bezeugten so am reinsten ihre Dankbarkeit und ihre Liebe.

Als der Sohn an den Strand kam, sah er, dass das Meer spiegelglatt war. Kein Hauch regte sich, und doch kam von geheimnisvoller Kraft getrieben ein Boot näher und näher heran. Als es gelandet war, dachte der Sohn noch einmal an das große Gesetz der Insel, von dem er gehört hatte, als er eben König geworden war. Gehorsam legte er sich hinein. Sogleich umfing es ihn wie ein wunderbarer, starker Traum, und er schlief ein.

Wie lange die Fahrt dauerte, merkte er nicht. Er wurde wach, als das Boot mit einem Stoß gegen etwas aufprallte. Das war ein Strand, und nun wusste er, dass er auf einem einsamen, öden Eiland war. Langsam erhob er sich, stieg aus dem Boot und tat einige Schritte. Doch wie erstaunte er, als er sich umblickte: da war weit und breit nichts Ödes zu sehen. Saftiges Gras grünte überall, Bäume blühten und kündeten künftige Früchte an, und auf den Feldern wogte die junge Saat. Selbst Vogelgesang ertönte, denn all das sprossende Leben hatte gefiederte Sänger in großer Zahl herbeigelockt. Der Sohn rieb sich die Augen. Das konnte doch wohl nicht das wüste, graue Eiland sein, von dem der Alte ihm gesprochen hatte. Gewiss träumte er weiter!

Er dachte nicht gleich an die Schiffe, die er vor einiger Zeit abgeschickt hatte. Diese waren an dem öden Eiland gelandet, und unsichtbare Hände hatten all das junge, lebendige Gut, das sie mitbrachten, weit umhergestreut, sodass die ganze Insel sich verwandelte.

Eben begann ihm eine Erkenntnis zu dämmern, als er sich nach der Seite des Meeres zurückwandte. Es fuhr ihm durchs Herz, denn er sah nun wieder die hohe, steile, schwarze Wand, die er schon kannte. Plötzlich wurde sie von einer mächtigen Hand weggeschoben, und die Treppe mit den unendlich vielen Stufen tat sich auf. Von oben hörte er die Stimme des Vaters, der ihm zurief. Von unfassbarer Freude erfüllt, begann er zu steigen.

Der Vater streckte die Arme nach ihm aus. Dann aber fragte er: »Hast du das goldene Kästchen mit heimgebracht?« – »Ja, Vater, ich habe es«, antwortete der Sohn. – »Hast du es geöffnet?« – »Nein«, erwiderte der Sohn, »ich ließ es geschlossen, wie du mir gesagt hattest« – »Wohl dir, dass du meinem Gebot gefolgt bist. Doch öffne es jetzt.«

Der Sohn tat, wie ihm der Vater geheißen hatte. Da sah er, wie auf dem Grunde des Kästchens das ganze Vaterhaus abgebildet war mit all seinen goldenen Sälen und den vielen Geschwistern, die dort ein- und ausgingen oder an dem großen Tisch saßen. Das alles hatte er, ohne es zu wissen, die ganze Zeit bei sich getragen. Und nun wusste er auch, dass es die Stimme des Vaters war, die ihn zweimal im Traume beraten hatte.

Noch verharrte er in glücklichem Staunen, als der Vater abermals sprach: »Blick jetzt auch auf den Deckel des Kästchens und schau ihn dir von innen an!« Nun tat sich ein neues Wunder vor den Augen des Sohnes auf. Innen am Deckel, da hatte sich in allen Formen, in allen Farben, die ganze Insel abgezeichnet, auf der er König gewesen war. Ja, alle die Menschen, die ihm vertraut geworden waren, sie waren dort abgebildet. Und nicht nur abgebildet waren sie: sie lebten und bewegten sich, wenn er sie anschaute. Der alte Mann, sein Ratgeber, lächelte ihm zu, und seine Augen sprachen, so dass es im Herzen vernehmbar wurde.

Auch der Vater lächelte gütig: »Siehst du«, sprach er

zum Sohn, »sie alle trägst du nun mit dir im goldenen Kästchen, wie du das Vaterhaus mit dir getragen hast. Je mehr du ihrer in Dank und Liebe gedenkst, umso näher werden sie dir sein. Du hast deine Wanderschaft gut vollbracht. Doch nun komm ins Vaterhaus: Es ist gut, dass du eine Weile rastest, ehe ich dich wieder auf den Weg schicke.«[16]

Vom Knaben, der mit dem Buch zur Welt kam

(8 - 9 Jahre)

Es lebten einmal zwei alte Leute, die von allen nur Unkiaschu und Baba genannt wurden, Onkelchen und gute Muhme. Kinder hatten sie keine, wie heiße Gebete sie auch zum Himmel gesandt hatten, und mit Hab und Gut waren sie nicht gesegnet. Da sagte eines Tages Unkiaschu: »Was sollen wir beginnen, wenn uns die Kraft schwindet und wir nicht mehr arbeiten können? Gott hat sich nicht erbarmt, uns ein Kind zu schenken, das der Stab unseres Alters wäre.«

»So ist es«, antwortete Baba, »aber was können wir tun? Wir müssen sie tragen, die Mühsal des Alters, sei sie noch so schwer.«

»Mir scheint«, hub Onkelchen wieder an, »es ist am besten, wenn wir nach zwei Seiten auseinandergehen, jeder wie Gott ihn erleuchtet, denn einer allein findet eher Mitleid als zwei.«

»So trennen wir uns, Onkelchen, wenn du denkst, es sei gut so. Aber wer wird dann dem anderen die Augen zudrücken, wenn die letzte Stunde naht?«

»Ja, Baba, da hast du recht. Weißt du was? Nimm du mein Taschentuch, das ich am Tag meiner Hochzeit hatte, und ich werde das gestreifte Handtuch mitnehmen, das du mir als Heiratsgut brachtest. Jeden Morgen wollen wir sie anschauen, und wenn darauf drei Blutstropfen erscheinen, müssen wir heimkehren, denn dann ist eines von uns in Todesgefahr.«

»Ja, Unkiaschu, so wollen wir tun.«

Und wie sie sagten, so taten sie auch. Jedes nahm ein Säcklein auf die Schulter, und die Baba legte zuunterst das Taschentuch ihres Mannes hinein, er aber das gestreifte Handtuch seiner Frau. Dann wandte sich eines nach Sonnenaufgang und das andere nach Sonnenuntergang, aber der Wunsch, der sie zu Hause beseelt hatte, begleitete sie auch auf der Wanderung. Neun Tage lang gingen sie in die Weite, fragten links und fragten rechts, fragten Gute und Böse, Große und Kleine, was sie tun müssten, um ein Kind zu bekommen. Aber alle Zauber, die man ihnen pries, hatten sie schon ausprobiert, und einen neuen wusste niemand.

Am zehnten Morgen ging Unkiaschu zum Bach, um sich zu waschen. Aber wie er sich die Augen abtrocknen will, was sieht er da? Auf dem Handtuch drei Tropfen Blut! Da sagt er zu sich selbst: »Ich muss sogleich umkehren. Wer weiß, was meiner Baba zugestoßen ist.« Und er denkt weder an Speise noch an Ruhe, bis er daheim angelangt ist.

»Was ist geschehen?« fragt er, als seine Hälfte ebenfalls dort ist.

»Was geschehen ist, Onkelchen? Sieh, da gehe und gehe ich und habe überall die Frage nach einem Kind auf der Lippe. Nichts erfrage ich und nichts erlange ich als einen trockenen Mund und eine rauhe Kehle. Zuletzt verirre ich mich gar und komme in einen Wald, wo ich nicht ein und aus weiß. Da steht plötzlich ein graues Männchen vor mir, dünn und schwach und nur noch ein Häuchlein von einem Menschen. Ich sage ihm, weshalb wir in die Fremde gezogen sind und dass ich mich verirrt habe. Er, alt wie er ist, setzt sich nieder und ist nicht zu stolz, um mit mir zu reden. Dann zeigt er mir den Weg und sagt freundlich, ich solle nur nach Hause gehen, Gott habe unsere Bitte erhört.«

»Und dies ist's, warum das Zeichen erschien?«

»Dies ist es wohl, Onkelchen.«

Da beschlossen sie, sich nicht mehr zu trennen, sondern den Kelch gemeinsam zu trinken, sei er bitter oder süß.

Es dauerte nicht lange, so fühlte sich die Baba guter Hoffnung. Aber jetzt – aoleó! – wohin mit dem Glück? Sie rief alle Heiligen herbei, um ihr zu helfen, so viel Freude zu tragen. Und Unkiaschus Füße konnten vor Erwartung auf keiner Stelle mehr bleiben, seine Hände bei keiner Arbeit verweilen, so aufgeregt lief er von früh bis spät herum. Der Baba jedoch half die Mutter unseres Herrn, und sie genas eines wahren Prinzleins von einem Kind, rund und rosig und mit einem Buch in der Hand.

Am dritten Abend, wenn an die Wiege der Neugeborenen die Ursitori kommen, die drei Weberinnen am himmlischen Webstuhl, die den Kindern die Zukunft weissagen, war Unkiaschu hellwach. Die Freude über Gottes Erbarmen und die Sorge um die Baba und ihren Knaben hatten ihm allen Schlaf verscheucht. Aber als die Ursitori plötzlich da waren, erschrak er, als stünde Matracuca, die benedeite Schwester der Muttergottes, vor ihm. Er duckte sich an die Wand und war ganz Ohr, als sie ihre Prophezeiung aussprachen. Die Älteste begann: »Dieses Kind wird ein Prinz Allschön werden und reich sein.«

Die Mittlere sprach:

»Dieses Kind wird von bösen Geistern geraubt werden, wenn es sein zwölftes Jahr erreicht hat.«

Und die Jüngste sprach:

»Wenn dieses Kind den bösen Geistern entkommt, wird es ein Kaiser.«

Dem Unkiaschu fuhr es wie mit Messern durchs Herz. Denn siehst du, ihn kümmerte nicht, was die erste, und nicht was die dritte Weberin sprach. Einzig und allein den bösen Spruch der Mittleren behielt er im Sinn.

Das Kind wuchs heran und lernte seinen Eltern gehorchen. Das Buch, mit dem es geboren war, ließ es nie aus der Hand, immer, immer las es darin. Mit neun Jahren wusste es alles bis zum Mond und zur Sonne hinauf, und es selber war das Buch, worin die Nachbarn lasen, wenn sie Rat oder Auskunft über diesen oder jenen ihrer Lebensschritte nötig hatten. Halb freute sich Unkiaschu, halb freute er sich nicht, denn er wusste, was er wusste. Der Baba jedoch, der lachte das Herz im Leib über die Klugheit ihres Knaben, denn siehst du, ihr stach kein Nagel in die Hand wie ihrem Mann.

Je näher der zwölfte Geburtstag des Kindes heranrückte, desto tiefer sank dem Vater der Mut und desto schwerer wurde es ihm, über seine Sorgen zu schweigen. Eines Abends saßen sie zusammen beim Feuer und redeten über dies und über das, von dürrem Stroh und grünem Gras, bis es Unkiaschu plötzlich nicht mehr aushielt und er alles, was die Ursitori prophezeit hatten, haargenau erzählen musste. Es schnitt der Baba fast den Lebensfaden entzwei, erst als Unkiaschu sie mit Wasser besprengte, schlug sie die Augen wieder auf. Der Knabe jedoch hörte aufmerksam zu, und dann begann er zu denken.

Nach ein paar Tagen gab er seinem Vater einen Rat, und Unkiaschu, der am Wort seines Kindes hing wie am Wort eines Buches, begab sich ins Dorf. Er bat alle Nachbarn und zuletzt auch den Popen, am Vorabend von seines Sohnes Geburtstag in die Kirche zu kommen. Dort wollten sie die bösen Geister mit gemeinsamen Gebeten fernhalten. Alle waren einverstanden und zur verabredeten Stunde zugegen. Als dann der Knabe mit Vater und Mutter das Kirchlein betrat, nahmen ihn die Nachbarn in die Mitte und beteten laut. Gleichwohl verbreitete sich von Wand zu Wand ein weißlicher Nebel, und erst als alle in die Knie sanken und so inbrünstig beteten, dass es einen Stein erweichen konnte, löste sich der Dunst wieder auf. Jetzt ging der Knabe unbehelligt nach Hause.

Auch am nächsten Abend versammelte sich das Dorf in dem Kirchlein, aber jetzt fuhren Mäuse, Molche und Eulen auf die Menschen los, und wen immer sie erwischten, den bissen, zwickten und kratzten sie. Alle schrien auf und wollten samt dem Popen entfliehen, nur der Knabe mit dem Buch in der Hand kniete ruhig nieder und begann ein neues Gebet. Da ging es nur ein paar Augenblicke, und alle Mäuse, Molche und Eulen waren verschwunden.

Am dritten Abend scharten sich die Nachbarn wieder um den Knaben und erfüllten das Kirchlein mit ihrem lauten Gebet. Als sie schon glaubten, die Gefahr sei gebannt, pfiff plötzlich ein scharfer Wind durchs Fenster. Der Boden begann zu beben, im Gebälk krachte es, und mit großem Gepolter fiel ein schwarzer Mönch durch die Luft. Wie ein Wirbelsturm raffte er den Knaben auf, fuhr wieder in die Höhe, und jetzt, wo war er, der Stab und Stecken des Unkiaschu und der Baba? Nicht auf der Kuppel, nicht auf dem Turm, nicht hier und nicht dort. Dahin, wo nichts ist, hatte der böse Geist ihn entrückt. Es half kein Weinen der armen Eltern und keine Klage der entsetzten Nachbarn: fort war er und fort blieb er.

Er aber, der durch die Lüfte getragen wurde, ließ das Buch, mit dem er zur Welt gekommen war, keinen Augenblick aus der Hand, und immer, immer las er darin. Der Mönch versuchte, es ihm zu entreißen, und sie rangen miteinander, stießen und pufften sich, bis plötzlich der Knabe dem Mönch entglitt und herunterfiel. Er fiel und fiel, und nur Gott weiß, wie lange er liegen blieb, als er endlich wieder festen Grund unter sich hatte. Aber das Buch hielt er immer noch in den Händen, als er erwachte.

Wo war er? In der Wildnis und Einöde. Wie kam er da hinaus? Durch Gottes Erbarmen, denn es gab ihm den Gedanken ein, sich nach Sonnenuntergang zu wenden. Aber so lang er seine Schritte auch machte und so eifrig er herumschaute, er sah nirgends ein Haus, und kein Küken von einem Menschen begegnete ihm. Als es dunkelte, setzte er sich unter einen Baum, aber nicht zum Schlafen. Er dachte darüber nach, wie er wieder zu Menschen kommen könnte.

Am Morgen schritt er weiter, und jetzt lag ein Feld vor ihm, das über und über mit menschlichen Knochen bedeckt war. Ein Schauder überlief ihn, aber nachdem er in seinem Buche gelesen hatte, nahm er den Mut zwischen die Zähne und schritt hindurch. Jenseits standen die Trümmer einer Stadt. Er eilte durch zerfallene Gassen und Gässlein, und plötzlich befand er sich vor einem Palast. Er klopfte ans Tor, aber kein Laut kam zurück. Er klopfte noch einmal, und zum dritten Mal klopfte er ein wenig stärker. Da drang aus dem Innern ein dünnes Stimmlein heraus und frug: »Wer ist da?«

Er antwortete, dass er ein Mensch wie alle Menschen sei und um Gastfreundschaft bitte. Jetzt ging ein Pförtlein auf, und ein graues Männchen stand vor ihm, so leicht wie sein eigener Schatten, mit einem Bart bis zu den Knien hinab und so schwach, als esse es nur am heiligen Freitag. Es bekreuzigte sich, als es einen Menschen erblickte, denn wie lange war es her, dass es seinesgleichen gesehen hatte! Dann aber sprach es: »Willkommen, Prinz Allschön!«

Der Greis führte den Knaben mit dem Buch herein und deckte einen Tisch mit reiner Leinwand. Darauf stellte er Brot und ein Mus, das ohne viel Kunst bereitet war. Der Knabe aß wie ein Wolf, und als sein Hunger gestillt war, begann er mit dem Väterchen zu reden.

»Sag, Onkelchen, wie kommt es doch, dass ich in all den Tagen, da ich hierher gewandert bin, auch nicht ein Häuchlein von einem Menschen gesehen habe, dafür aber Haufen und Haufen von Knochen? Und was ist denn mit diesem Palast, bist du der Einzige mit einer Seele im Gebein, und ringsherum gehört die Welt nur den Toten?«

»Ja, Kindchen, die Geschichte dieses Landes ist lang, und nur ein Endchen weit kann ich sie dir erzählen. Sieh, Kaiser und Kaiserin hatten keine Kinder, und statt Gott darum zu bitten, gingen sie zu einem schwarzen Zauberer. Wie der es stellte, legte und drehte, weiß ich nicht, aber übers Jahr kam ein Töchterchen zur Welt, schön wie eine Fee vom Himmel. Sie lebt auch heute noch, und wer sie einmal gesehen hat, vergisst sie nicht mehr. Als aber an ihrem dritten Tag die Ursitori an ihre Wiege kamen, sprachen alle drei, dass sie nicht heiraten könne, bevor ein Bursche, ohne Schaden zu nehmen, eine Nacht in ihrer Kammer zugebracht habe. Denn siehst du, jener schwarze Zauberer quälte alle

Freier zu Tode, wenn sie sich ins Gemach der Jungfrau hineinwagten. Und nicht genug damit: Sowie der erste Jüngling dem Quälgeist erlegen war, fielen Städte und Dörfer in Trümmer und ihre Bewohner kamen um. Nur ich, der Pförtner des Palastes, blieb verschont, denn ich muss wachen, bis die Jungfrau erlöst und der Zauber, der über dem Land liegt, gebrochen wird.«

Allschön hörte aufmerksam zu, und als der Pförtner schwieg, erklärte er klipp und klar, er wünsche die Kaiserstochter zu sehen. Der Greis wehrte erschrocken ab: »Fort mit dir, Kind! Welche Schlange stößt dich, deine Seele in Sünde zu tauchen? Schlag ein Kreuz und entflieh, Prinz Allschön, deine Jugend dauert mich.«

»Mag sie dich dauern, aber ich beharre auf meinem Wunsch.«

Da gab der Pförtner nach und führte ihn in das Gemach der Prinzessin, und sowie die Jungfrau ihn erblickte und er sie, gefielen sie einander. Wie konnte es auch anders sein? Die Sense hatte ihren Wetzstein gefunden, sie gehörten zusammen.

Am Abend begann der Knabe mit dem Buch in der Hand Wache zu stehen, und er wachte die ganze Nacht. Was tat er alles gegen den bösen Geist, und was tat er nicht? Genug, er erlebte den Morgen. Der Pförtner fand ihn in der Dämmerung gelb wie altes Kirchenwachs, aber aufrecht, mit Atem in der Brust und dem Buch in der Hand. Als jedoch das Mädchen erwachte und sah, wie er aufrecht und unverletzt vor ihm stand, rief es aus: »Du und kein anderer sollst mein Gemahl sein!«

Schneller als der Blitz durch die Wolke fährt, kam jetzt Leben in den ausgestorbenen Palast. Säle und Gänge, Küchen und Kammern füllten sich mit auferstehenden Menschen, und alle gingen der Arbeit nach, die sie damals, als der erste Freier erlag, begonnen hatten.

Und nicht nur im Palast, auch draußen in der Stadt und im ganzen Land begegneten sich wieder Menschen, und wo eben noch Todesschweigen geherrscht hatte, erschollen jetzt frohe Rufe. Ritter schlugen an den Schild, und Gefolgsleute drängten heran, so dicht und zahlreich wie Laub an den Bäumen und Gras auf den Matten, wenn der Schnee geschmolzen ist.

Der alte Pförtner war ganz verwirrt und wusste nicht, ob er sich zuerst nach links oder nach rechts drehen, vorwärts oder rückwärts schauen sollte.

Als aber Allschön und die junge Herrin auf den Söller traten und ihren Untertanen zuwinkten, stieg der Jubel bis zum Himmel empor, und alle riefen wie aus einem Mund: »Lang lebe unser Kaiser mit seiner Kaiserin!«

Am Hochzeitsmahl war auch ich dabei, und zuletzt nahm ich als Andenken ein kleines Löffelchen und einen langen Löffel aus Buchenholz mit. Das Löffelchen, um es dem, der bei meiner Geschichte schwatzt, in den Mund zu stecken, und den langen Löffel aus Buchenholz, um damit alles, was euch nicht gefallen hat, in den Wind zu schlagen.[17]

Die Legende von den musizierenden Mönchen

(9 - 10 Jahre)

Es ist schon lang her, da lebte in tiefer Waldabgeschiedenheit eine Brüderschaft alter, sehr alter Mönche, so alt, dass mancher unter ihnen mit dem Fuße schon an der Schwelle des Paradieses stand; ihre Herzen aber waren jung und warm geblieben im Dienste Gottes, ihre

Liebe so glühend, dass ihr Lobpreisen, ihre Dankeshymne immer kräftiger erscholl, je schwerer die Jahre auf ihre Schultern drückten und je mehr sich ihre Häupter mit Schnee bedeckten. Man hörte sie von weitem singen, die braven Brüder, und angesichts dieser unverwüstlichen Freude fragten sich manche Menschenkinder verwundert: »Worüber freuen sich denn die ehrwürdigen Brüder, sie haben doch gar keinen Grund zur Freude?«

Wirklich, was die Menschenkinder sprachen, war wahr. Die ehrwürdigen Brüder besaßen nichts von alledem, was das Leben schön macht auf irdische Art. Sie bewohnten eine Felsenhöhle im Walde, deren zerklüftete Spalten ihnen als Fenster dienten und deren einziger Luxus eine breite Holztür war, die ein Unbekannter, ein Engel vielleicht, in einer Winternacht vor den Ausgang geschoben hatte. Es blies damals, arg wie der Teufel, der Nordwind vor der Spalte, und man hörte die Wölfe nahe heulen.

Die Mönche dankten Gott für die Tür und freuten sich, nun etwas zu haben, das man auftun konnte, wenn etwa ein Verlorener nach einem Obdach suchte. Sie freuten sich über die Tür, wie sie sich über die herrliche Sonne freuten, über das klare Wasser, über den milden Mond. Die alten Mönche sangen ihre Dankbarkeit laut in den Wald hinaus. Doch da sie nun einmal Menschen waren, hatte in den rauhen Tagen der Klang ihrer Stimmen gelitten, und die böse Welt begann den Lobgesang als störend zu empfinden, umso mehr, da er sie in ihrem Vergnügen, in ihrem Wohlleben, in ihrer Lust störte. »Hören diese Mönchlein nicht bald auf?« brummten die Faulen, »sie wecken uns aus dem Schlaf.«

»Es vergeht uns der Appetit«, klagten die Gefräßigen.

»Das klingt wie Totengeläute«, sagten die Bösen.

»Dieses Geschrei geht einem durch Mark und Bein«, sagten die Gottlosen.

»Wenn auch nicht gerade das«, meinten andere, »aber gottsjämmerlich falsch singen sie wirklich.«

Und das – leider – war das einzig Wahre an dem Gerede der Welt. Die braven alten Mönche sangen falsch, erbärmlich falsch. Sie hatten wohl eine gute Entschuldigung für sich. Einige von ihnen waren schwerhörig geworden, und aus Angst, mit den anderen nicht Schritt halten zu können, liefen sie immer ein paar Takte voraus, andere wieder konnten sich nach so vielen Jahren auf ihre eigene Stimme nicht mehr besinnen und wussten nicht, ob sie Tenor, Bariton oder Bass waren, und sangen im Übereifer alle Stimmen durcheinander. Dann gab es einen lieben Bruder, der nur eine einzige tiefe schöne Note in der Kehle hatte, und der gab er mit Begeisterung alles, was er besaß.

»Der ehrwürdige Bruder Laurentius ist ein Brummer«, hatte sich längst die Nachtigall im Walde beklagt. »Und der Bruder Bonifatius hat dafür um keinen Groschen Gehör«, pfiff eine Amsel.

»Es ist ein Jammer«, machte sich der Dompfaff wichtig. Und die Vögel, denen einst der Bruder Franziskus gepredigt hatte, versteckten ihre Köpfchen unter den Flügeln, um nicht hören zu müssen, wenn im tiefsten Walde ein Lobgesang zur Ehre Gottes erscholl.

Bald verstanden die Mönche den stummen Vorwurf der Vögel, und er traf sie tiefer als das laute Schelten der Welt. Trotzdem fuhren sie in aller Demut fort, Gott mit den bescheidenen Mitteln zu preisen, die ihnen zur Verfügung standen.

Weihnachten kam. Der Wald war eine einzige weiße Kapelle, in der die Wintersonne blassen Kerzenschimmer auf die hängenden Eiszapfen zauberte. Bis spät in die Nacht hatten die Mönche am Heiligen Abend gebetet, und als sie sich nun zum Gesange erhoben, da klopfte es an der Tür. »Herein«, riefen die Brüder im Chor und stießen die Tür auf. Ein junger Mann stand auf der Schwelle und bat, halb erfroren, um Obdach und Brot. Die Brüderschaft empfing ihn, wie sie einen Gesandten Gottes empfangen hätte.

Der Jüngling nahm, was ihm geboten wurde, er aß, was halbwegs essbar war, und dankte für das gerettete Leben. Er erzählte, wie er, ein junger Sänger, vom Hof des Prinzen bei Nacht und Kälte habe fliehen müssen, um den Nachstellungen seiner Feinde zu entgehen, die ihm die Gunst des Prinzen neideten.

»Ein Sänger, ein richtiger Sänger unter uns«, freuten sich die guten Brüder. »Das wird eine Mitternachtsmesse werden!« jubelte Bruder Laurentius. »Alle werden sie zuhören müssen.«

So wurde es auch. Der Sänger sang, wie in diesem Walde noch nie gesungen worden war, so herrlich schön, dass Wiese, Flur und Dorf nur ein lauschendes Ohr waren. Keiner der Brüder tat an diesem Abend den Mund auf. Sie falteten in tiefer Andacht die Hände, und Tränen der Begeisterung liefen über ihre gefurchten Wangen.

Der Himmel musste sich ganz nahe über sie gesenkt haben, um diesem weihnachtlichen, herrlichen Lobgesang zuzuhören. Die Mönche segneten den jungen Sänger aus tiefstem Herzen, und der war so sehr darüber gerührt, dass er beschloss, noch einen Tag zu bleiben und mit ihnen zur Dorfkapelle zu gehen. Es tagte noch nicht, als sie zur Frühmesse aufbrachen, und gespenstisch lösten sich aus dem Dunkel der Nacht die noch dunkleren Gestalten der Bauern, die aus ihren Dörfern zur Kapelle pilgerten.

Als die Mönche die Tür der Kapelle öffnen wollten, strahlte ihnen ein Licht entgegen, so blitzhell, dass sie zuerst geblendet die Augen schlossen. In heller Glorie stand ein Engel da, und als sie endlich schauen konnten, da merkten sie, dass er sie traurig ansah.

»Was ist mit den ehrwürdigen Brüdern geschehen?« fragte er milde, »dass wir in der Heiligen Nacht ihren herrlichen Gesang entbehren mussten?« Der große, strahlende Engel musste seine Frage mehrmals wiederholen, ehe die Mönche begriffen, dass sie ihnen galt.

»Wir – und herrlicher Gesang! Verzeihung, himmlischer Bruder, aber das sind doch nicht wir? Wir singen falsch, wie allgemein bekannt«, erwiderten sie im Chor.

»Ich bin doch ein Brummer«, klagte sich Bruder Laurentius an. »Und ich habe kein Gehör«, sagte Bruder Bonifatius. »Mir verschlägt es immer die Stimme«, seufzte ein dritter. Der Engel schüttelte den Kopf.

»Wir da oben hören nur das herrliche Loblied, das aus der Tiefe eurer Herzen kommt, und gestern Abend haben wir es in unserer Seligkeit entbehrt.« »Für uns hat ein begnadeter Sänger gesungen, habt ihr nicht seiner wundervollen Stimme gelauscht?«

»Nein«, sagte nachdenklich der Engel. »Die schönste Stimme kann uns nicht erreichen, wenn sie ihrer selbst nicht vergessen kann und wenn sie nicht von Gottes Liebe beseelt ist.«

Der Engel verschwand, alle knieten auf der Schwelle der Kapelle nieder, und der Sänger, der nichts gesehen und gehört hatte als zuerst den Schrecken und dann die Anbetung der Mönche, ließ sich erzählen, was geschehen war, und senkte den Kopf.

»Betet für mich, ehrwürdige Brüder«, bat er ernst, »damit eines Tages auch meine Stimme würdig wird, den Weg zum Himmel zu finden.«

Er sprach's und ging in die Einsamkeit, um Gott allein zu dienen in Demut und Liebe.

Die musizierenden Mönche aber setzten ihren Lobgesang fort bis zu ihrem Tode, und der letzte, Bruder Laurentius, sang noch am Sterbelager mit jener wohlklingenden Stimme, die nur einen Ton hatte: »Gelobt sei der Herr, der sich gnädig jedem Liede neigt, das aus reinem Herzen und gutem Willen erklingt. Amen.«[18]

Die Glocke mit dem goldenen Ton

Hermann Kurz

(11 - 12 Jahre)

Vor längerer Zeit, als die Glockengießerkunst noch selten und nur in den Händen weniger Meister war, die mit ihrem Geheimnis in der Welt herumzogen und großen Reichtum erwarben, kam einst ein solcher wandernder Glockengießer nach Attendorn im Erzbistum Köln und erbot sich, den Bürgern eine Glocke zu gießen. Sein Antrag wurde mit Freuden angenommen, denn sie hatten noch keine größere. Alles geriet in Bewegung, man legte zusammen und jeder trug nach Kräften bei; die Reichen gaben Geld, um Metall zu kaufen und den Meister zu unterhalten, und wer kein Geld hatte, brachte Stücke Metall herzu, soviel oder so wenig er besaß, zerbrochene eherne Töpfe und dergleichen, sodass in kurzer Zeit eine Menge Metalls beisammen war und der Meister mit dem Schmelzen anfangen konnte. Dieser aber war ein wilder, jähzorniger Mann; er trug einen unmäßigen Schnurrbart, soff, fluchte und strich sich bei jedem Schwure den Bart; dazu war er unleutselig und grob gegen jedermann. Die Bürger hätten ihn längst gerne zur Stadt hinausgejagt, wenn es ihnen nicht um ihre Glocke zu tun gewesen wäre. Deshalb trauten sie ihm auch nicht recht, und es mussten immer einige vom Rat zugegen sein, wenn er in seiner Werkstätte arbeitete, um aufzusehen, dass das gesammelte Metall auch wirklich alles zum Gusse verwendet werde.

Nun lebte zu derselben Zeit in dieser Stadt eine arme Witwe, die sich von einem kleinen Kramladen kümmerlich nährte. Dieselbe hatte ihren einzigen Sohn nach Holland geschickt, um reichen Kaufleuten allda zu dienen. In diesem Geschäfte hatte sich der junge Mann, der sehr anstellig war, Gunst und Geld in hohem Maße erworben, sodass er jährlich seiner Mutter einen Zuschuss senden konnte. Nach und nach brachte er ein hübsches Vermögen zusammen, mit dem er in seine Vaterstadt und zu seiner Mutter zurückzukehren beschloss. Beim Abschied schenkten ihm die Kaufleute, bei denen er gedient hatte, zur Belohnung und zum Zeichen ihrer Zufriedenheit eine große Platte von lauterem Golde. Da er auf einem Umweg in die Heimat reisen wollte, so sandte er die Goldplatte schwarz angestrichen voraus und schrieb seiner Mutter, sie werde ihn bald wiedersehen, aber von der Platte schrieb er nicht, aus welchem Metall sie bestehe, sondern nur, man solle sie bis zu seiner Ankunft aufbewahren. Als daher in der ganzen Stadt Metall zu der Glocke gesammelt wurde, gab die unberichtete alte Frau ihre Platte her und dachte, ihr Sohn werde es zufrieden sein, das unnütze Stück auf diese Art angewendet zu sehen. Aber der Glockengießer erkannte den Schatz sogleich und trachtete von Stund an darnach, ihn in seine Gewalt zu bringen; nur war es für jetzt nicht möglich, weil er in all seinem Tun und Lassen beobachtet wurde.

Doch wusste er Mittel und hoffte zuversichtlich, noch vor dem Gusse das Gold von dem andern Metall zu sondern und sich anzueignen.

Als nun die Zeit des Gusses herangekommen war, unternahm der Meister schnell eine Reise gen Arensberg, um auch dort etliche Glocken anzufangen und soviel Metall an sich zu bringen, dass er das Gewicht des Goldes damit ersetzen könnte. Er trat daher zu seinem Gesellen und sagte: »Ich muss auf etliche Tage verreisen; du bleibst indessen hier und richtest noch eins und das andere zu, was wir zum Gusse brauchen; aber höre, so lieb dir dein Leben ist, unterstehe dich nicht, den Guss in meiner Abwesenheit vorzunehmen, und wenn ich auch noch so lange ausbleibe! Du verstehst es nicht, denn ich habe dir noch nicht alle Geheimnisse unserer Kunst mitgeteilt, und welche Schande wäre es für uns, wenn das Werk misslänge; übrigens werde ich spätestens in acht Tagen wieder da sein.«

Der Meister reiste ab, der Geselle blieb zurück. Dieser war ein feiner, frommer, sittsamer Jüngling, bei jung und alt beliebt. Er war fleißig am Werke und brachte vollends alles Nötige in Richtigkeit. Als nach vier Tagen der Meister noch nicht da war, fing er an, Hand an die Maschinen und Werkzeuge zu legen, durch welche die Glocke auf den Turm gehoben werden sollte.

Acht Tage waren verstrichen und noch einige dazu; das Geschäft des Gesellen war beendigt, aber der Meister ließ nichts von sich sehen noch hören. Da entstand eine große Unruhe in der Stadt. Man schrie, der Meister sei ein Betrüger, der sich auf gemeine Unkosten habe unterhalten lassen und jetzt, da er seine Kunst zeigen solle, entflohen sei. Der Gesell fürchtete, es sei ihm ein Unglück zugestoßen; er versicherte, sein Meister sei der geschickteste Glockengießer in der Welt, und falls er nicht zurückkäme, so verstünde ja er, die Glocke zu gießen, nur habe der Meister es ihm verboten; man möchte ihm erlauben, einige Tage sich zu entfernen, um den Meister aufzusuchen. Aber die Bürger wollten auch ihm nicht mehr trauen; sie verboten ihm bei Todesstrafe, die Stadt nur einen Augenblick zu verlassen, und ob man ihm gleich nichts zuleide tat, so wurde er doch bewacht und wie in festem Gewahrsam gehalten. Da ging ihm endlich die Geduld aus, und er verhieß, wenn am Ende von zwei Wochen der Meister nicht zurück sei, so wolle er die Glocke gießen.

Die vierzehn Tage gingen auf die Neige, und der Meister kam nicht. Da ging der Gesell ans Werk, betete eifrig und goss dann die Glocke. Sie war aufs Schönste geraten, als er die Form zerschlug; kein Eckchen fehlte, Namen und Bilder, alles hatte sich aufs Deutlichste ausgedrückt, und das Metall glänzte in einem gelben Scheine, als wenn es beständig von der Sonne angestrahlt würde. Der Gesell war voll Freuden und mit ihm alles Volk. An einem Sonnabend wurde die Glocke auf den Turm gebracht, der Schwengel aber erst in der Nacht darin befestigt, denn sie sollte ihr Erstlingsgeläute nicht eher als am Sonntagsgottesdienst ertönen lassen. Als nun am andern Morgen die Frühmesse eingeläutet wurde, so gab die Glocke einen so reinen, herrlichen Klang, dass alle Herzen bewegt wurden. Zu Mittag aber richtete die Stadt dem Gesellen ein großes Bankett auf dem Rathause an; daselbst wurden ihm reichliche und ehrenvolle Geschenke gereicht und wacker mit ihm gezecht bis an den Abend. Der Jüngling aber war seltsam betrübt und musste sich zwingen, in die Freude der andern einzustimmen. Er klagte, dem Meister müsse wohl etwas Böses widerfahren sein, dass er so lang ausgeblieben und sagte, er wolle ihn in der ganzen Welt aufsuchen, um ihm die Geschenke zu überbringen, die nicht ihm selbst sondern jenem gebührten. Als nun der Abend herankam, nahm er Abschied von den Bürgern; aber viele wollten sichs nicht nehmen lassen, ihm noch das Geleit zu geben. So ritten sie mit ihm und folgten ihm aus mit Kannen und Gläsern; der Gesell ritt in der ersten Reihe, und neben ihm ging ein Saumross, das die Ehrengaben trug. Der Rat aber befahl, ihm eine Glocke nachzuläuten, solang er sie hören könne. In solcher Ehre und Fröhlichkeit kam er bis auf die steinerne Brücke zwischen hier und dem Schlosse Schellenberg und tat eben noch seinen Geleitern, von denen er sich beurlauben wollte, zum letztenmal Bescheid, da sah man einen Reiter auf schweißtriefendem Rosse heranjagen; als er näher kam, erkannten sie den Meister. Er war in mehreren Städten gewesen, bis er das erforderliche Material beisammen hatte; seine Hast und sein Ärger hatten ihm eine hitzige Krankheit zugezogen, an der er bis jetzt darniedergelegen. Er sah todbleich aus trotz der rasenden Eile, mit der er geritten war; aber seine Augen funkelten wie zwei Fackeln, als er den Reiterhaufen gewahr wurde, denn er ahnte, dass er zu spät komme. Er hielt vor ihnen, und in diesem Augenblick trug die Luft den goldenen Ton seiner Glocke vernehmlich herüber. »Hundesohn«, schrie er den Gesellen an, »hast du sie gegossen? Wohlan, sie soll deine Totenglocke sein!« Damit riss er das Schwert von der Seite und stieß es ihm in die Brust; der unschuldige Jüngling stürzte ohne einen Laut unter das Pferd. Seine Genossen aber warfen sich über den Mörder her, rissen ihn herunter, banden ihm die Hände und brachten ihn so nach der Stadt zurück.

Man stellte ihn vor den Magistrat; er war zerknirscht und gestand alles, wie er das Gold erkannt habe und dem Satan anheimgefallen sei. Nur noch eines bat er sich aus: wie seine Glocke dem Ermordeten zur Todesglocke geworden sei, so möchte man sie ihm als Armesünderglocke läuten, wenn er zum Tod geführt werde. Sein Urteil wurde gesprochen, seine Bitte gewährt. Man führte ihn unter dem Klang der Glocke hinaus, festen Schrittes trat er in den Ring, blieb eine Weile stehen und horchte mit durstigem Ohr den letzten Tönen der verhängnisvollen Glocke, dann kniete er nieder, und sein Haupt fiel in den Sand. Dem Gesellen aber wurde auf der Brücke, wo er sein Ende genommen hatte, ein eisern Kreuz zum ewigen Gedächtnis aufgerichtet.

Mit dem Todesurteil hatte der Magistrat beschlossen, die Glocke solle nie mehr geläutet werden wegen des Verbrechens, woran sie schuldig sei. Aber bald hernach traf der Sohn der Witwe, der Eigentümer des Goldes, in der Heimat ein; sobald er die Begebenheit vernommen und von seiner Mutter erfahren hatte, dass sie jene Platte zum Guss der Glocke hergegeben habe, ließ er sich vor den Rat führen und erzählte, inwiefern er bei dieser Sache beteiligt sei. Es wurde sogleich beschlossen, die Glocke wieder einzuschmelzen und durch kundige Leute das Gold für ihn ausscheiden zu lassen, oder ihm eine angemessene Entschädigung in Gold anzuweisen, aber er weigerte sich des und sprach: »Ehrsame Herren, ich bin vor Euch getreten, nicht um das Meinige anzusprechen, der liebe Gott hat väterlich für mich gesorgt, dass ich in diesem Leben keine Not leiden werde. Aber weil ich das Gold zurückbegehren könnte, habe ich auch ein Recht auf die Glocke, und darum bitte ich Euch, sie der Gemeinde nicht zu entziehen; wohl muss ich trauern, dass mein Gold zweien um das Leben gebracht hat, einen unschuldig und einen schuldig, aber die Glocke hat durch diese Begebenheit eine ernste Taufe erhalten, und wie sie dem Unschuldigen und dem Schuldigen zu Grabe geläutet hat, so soll sie auch hinfür allezeit fortklingen, dem Frommen zur Andacht und dem Gottlosen zur Warnung.«[19]

Die Sonntagshandlung für die Kinder

In den Jahren, die zwischen Taufe und Konfirmation liegen, ist die Sonntagshandlung für die Kinder die kultische Form des religiösen Lebens, die für Schulkinder vom siebten bis zum vierzehnten Jahr gegeben ist.

Bei der Taufe (die, wenn irgend möglich, kurz nach der Geburt stattfindet) macht der Priester das Zeichen des Kreuzes über dem Täufling. Das Kind ist noch ganz und gar empfangend und empfänglich. In der Menschenweihehandlung, die der Konfirmation unmittelbar folgt, macht der junge Mensch zum ersten Mal sein eigenes Kreuzzeszeichen, und zwar an den drei Stellen, an denen er als Kind mit den Substanzen der Taufe in Berührung gekommen ist: Stirn, Kinn und Brust. Es ist der wahrnehmbare Ausdruck für das Stadium religiöser Mündigkeit.

In gewissem Sinne wird mit der Taufe der Keim für die Sonntagshandlung gelegt. Das Wort Taufe ist abgeleitet vom gotischen *daupjan*, das eintauchen, tiefmachen bedeutet. Durch die Taufe wird das Kind in die Tiefe des Erdendaseins geleitet. In diesem Fall bedeutet »Erdendasein« die Berührung mit den Taufsubstanzen, die während der Handlung geweiht werden. Dabei werden sie, wie Rudolf Steiner es ausdrückt, »mit ihrer ursprünglichen geistig-materiellen Kraft verbunden«. Wasser, Salz und Asche werden mit den schaffenden, geistigen Kräften verbunden, die den Substanzen zugrunde liegen.

»Leiblichkeit ist das Ende der Wege Gottes«, sagt der

deutsche Philosoph Friedrich Christoph Oetinger (1702 – 1782). Man kann sich vorstellen, dass zwischen dem geistigen Ursprung der Schöpfung, dem Paradies, und der physischen, greifbaren Schöpfung eine »geistig-materielle Kraft« vermittelt. An diese Kraft wird mit dem Worte des Sakraments appelliert, während die kultischen Substanzen gebraucht werden. Man könnte auch sagen, wie es im Urchristentum ausgedrückt wurde: »Das Wort verbindet sich mit dem Element – und dadurch entsteht das Sakrament.«

Der Täufling wird durch das Sakrament so in die Tiefe des Erdendaseins geleitet, dass er darin die »Wege Gottes« erkennen kann, dass er mit seinem Ursprung, aber auch mit der Erdenwelt verbunden wird, in die er hineingeboren ist. Das Taufritual spricht von drei Formen der Gemeinschaft, mit denen das Kind verbunden wird: Geist-, Erden- und Christusgemeinschaft.

Das Motiv der Verbindung mit der Gemeinschaft des Christus Jesus ist ein roter Faden durch das Taufritual: es wird in allen sieben Teilen, mit kleinen Variationen, einmal ausgesprochen. Durch die Verbindung mit Christus bekommt jedoch auch die Verbindung mit der Geistgemeinschaft, aus der das Kind stammt, und die Verbindung mit der Erdengemeinschaft, zu der das Kind auf dem Wege ist, eine andere Qualität. Wie in einer Miniatur erscheint hier der bereichernde Auftrag des Christentums: Es will uns so mit dem Geist verbinden, dass wir der Erde nicht untreu werden – und es will uns so mit der Erde verbinden, dass diese vergeistigt werden kann. »Im Suchen nach dem Gleichgewicht findet man den Christus.« Dieses Motiv werden wir in der Sonntagshandlung und in der Konfirmation wiederfinden.

Nach den sieben Jahren, in denen das Kind in einem

wiederkehrenden Rhythmus die Sonntagshandlung mitgemacht hat, wird mit einem einmaligen Ereignis eine neue Phase religiöser Entwicklung eingeleitet: mit der Konfirmation. Wie die Taufe den Keim für die Sonntagshandlung als einer »fortgesetzten Taufe« legt, so ist die Konfirmation Keim für das Christwerden des Erwachsenen. Die letzten Worte der Konfirmation weisen darauf. Merkwürdigerweise scheint mit diesem Schlusssatz die Handlung beendet zu sein, jetzt, da die jungen Menschen »ins Leben gehen«; aber dieses Ende ist zugleich der Anfang der Menschenweihehandlung, in der sie zum ersten Mal die Kommunion empfangen.

Zwischen den Sakramenten der Taufe und der Konfirmation ist die Sonntagshandlung eine kultische Form, die durch Wiederholung wirksam ist. Ein griechisches Sprichwort sagt: »Der Verstand will immer etwas anderes; das Herz will immer dasselbe.« Und gerade an dieses Gebiet der Mitte appelliert die Sonntagshandlung für die Kinder. Es ist zugleich das Gebiet, in dem die Kinder dieses Alters besonders ansprechbar sind: in der rhythmischen Wiederholung entstehen Gewohnheiten und Eigenschaften, in denen man sich wie in einer Wohnung zu Hause fühlen kann. Ohne die Bildung guter Gewohnheiten fehlt dem Menschen in der Pubertät und im Erwachsenenleben die Grundlage für ein ihm gemäßes Leben. Wer damit als Erwachsener noch anfangen muss, hat eine schwere Arbeit zu leisten.

Auch in den Worten der Sonntagshandlung kommt das Rhythmisch-Wiederholende stark zum Ausdruck. Im ersten Teil beginnt jeder Satz mit einem Wort, das schon im vorigen Satz aufgeklungen ist. So bekommt die rhythmische Aufeinanderfolge der Sätze in diesem Teil den Charakter eines regelmäßigen Wellenschlages.

Das ist ein Kennzeichen vieler kultischer Texte, die immer aus mehr als nur einer prosaischen Mitteilung bestehen. Ein Text wird kultisch, wenn der Rhythmus und die Klänge mantrischen Charakter bekommen. In der Abfolge von Rhythmen oder Klängen ist eine bestimmte Struktur zu erkennen. Auch die älteren Kultusformen wie die der lateinischen Messe haben diesen mantrischen Charakter. Ein oft wiederholter Satz der lateinischen Messe lautet: Dominus vobiscum (der Herr sei mit euch). In den zwei Worten ist die gleiche Reihenfolge der Vokale zu erkennen: o – i – u.

Rudolf Steiner gab den Priestern der Christengemeinschaft unter anderem den Rat, »aus dem Hören der Sprache heraus zu zelebrieren«. In diesem Sprechen aus den Klängen heraus (viel mehr als von den Begriffen her) kommt eine tiefe Schicht der Sprache zum Ausdruck – ganz gewiss, wenn diese Sprache der geistigen Welt entlehnt ist. Friedrich Rittelmeyer, einer der Mitbegründer der Christengemeinschaft, fragte Rudolf Steiner einmal, woher die Sprache der Menschenweihehandlung käme. Darauf kam die überraschende Antwort: »Dazu musste ich in ein Gebiet gehen, wo die deutsche Sprache mantrisch gelehrt wird.«

Verglichen mit älteren Kultusformen, die magisch wirken, geht es im Kultus der Christengemeinschaft immer um mantrische Formen, die auch für das denkende Bewusstsein erkennbar sind. In der lateinischen Messe, so, wie sie früher für das Volk zelebriert wurde, muss man von einem magisch-mantrischen Wortgebrauch sprechen. Das nicht verstandene magische Wort kann nicht nur stark, sondern auch überwältigend wirken. Nicht verstandene Worte und Sätze wirken suggestiv durch den mantrischen Charakter der Sprache. Was in einer vorigen Kulturepoche noch eine gangbare und legitime Form war, muss in unserem Zeitalter auch dem selbstständig gewordenen Bewusstsein zugänglich sein. Wir wollen wissen und verstehen, was in einem Kultus geschieht – und das zu Recht.

Es gibt noch einen anderen Grund, warum es so wichtig ist, nach religiösen Formen zu suchen, die nicht suggestiv oder überwältigend wirken. Das Christentum, so wie es ursprünglich angelegt ist, erhebt keinen Anspruch auf Macht oder Magie. Das überzeugendste Beispiel ist bei Christus selbst zu finden. Paulus beschreibt dies in seinem Brief an die Philipper (2, 6- 8), und zwar mit folgenden Worten:

> *Er, der göttlicher Gestalt war, nahm doch das Gottgleich-Sein nicht als Besitz und Eigentum;*
> *vielmehr entäußerte er sich selbst,*
> *indem er Knechtsgestalt annahm*
> *und den Menschen gleich wurde.*
> *Seiner Erscheinung nach als Mensch befunden,*
> *erniedrigte er sich selbst*
> *und nahm gehorsam alles auf sich bis zum Tode,*
> *dem Tod am Kreuz.*

Wo Christus auftrat, respektierte er zu allen Zeiten die menschliche Freiheit – selbst wenn diese sich gegen ihn kehrte.

Vorbereitung

Bevor die Kinder zur Sonntagshandlung hereinkommen, findet dort in einem stillen Augenblick die Vorbereitung durch die Erwachsenen statt. Sie versammeln sich im Kirchenraum; der Priester und zwei Ministranten kommen herein, und die Kerzen am Altar werden angezündet. Im Gegensatz zu den anderen Ritualen, bei denen jeder die Handlung von Anfang bis Ende mitmacht, wird hier der Raum – und damit die Stimmung im Raum – vorbereitet. Der Priester am Altar spricht ein stilles Gebet.

Hier begnen wir einem ähnlichen Prinzip wie bei der Vorbereitung zum Geschichtenerzählen: Es wird ein religiöser Raum geschaffen, in den die Kinder eintreten. Es ist bekannt, dass Kinder viel empfindlicher als Erwachsene für dieses Element der Atmosphäre und Gesinnung sind. Ebenso wie bei den Geschichten könnte man hier vom Gebiet des Imponderablen sprechen, vom Unwägbaren. Auch Eltern und Erzieher spielen in dieser Vorbereitung und in der weiteren Begleitung eine wesentliche Rolle. Es entsteht ein anderer religiöser Raum, wenn man das Ritual Satz für Satz mit aller Seelenkraft begleitet, gleichsam als Rückendeckung für die Kinder, als wenn man als Erwachsener kritisch-reserviert beobachtet. Ausschlaggebend ist das, was Rudolf Steiner die richtige Gesinnung nennt.

Wenn die Kinder hereinkommen, geben die Ministranten ihnen die Hand und sprechen zu jedem einzelnen Kind. Dabei wird das dem Kinde innewohnende Wissen angesprochen: Die Handlung soll die Seele zu dem Geiste erheben. Dieser Ausspruch ist zu den Anfangsworten des Zelebrierenden in Beziehung gesetzt. In den Worten des Ministranten ist es die Handlung, die erhebt. In den Worten des Priesters wird von den Gedanken und Empfindungen als den Kräften der Seele gesprochen, die sich zum Geiste erheben.

Aber gerade dieser Anfang der Sonntagshandlung macht deutlich, dass darin die Kraft lebt, der Seele »Flügel zu verleihen«, sie zu erheben. Der Ausdruck erinnert an ein außergewöhnliches Wort, das im Neuen Testament nur einmal für die Wirksamkeit des Christus verwendet wird. Vor der Verklärung auf dem Berge nimmt Christus einige seiner Jünger mit zu diesem Ort. Wörtlich heißt es bei Matthäus (17,2): Er trug sie hinauf (anapherei) auf einen hohen Berg. Die Jünger, die noch nicht zu fassen vermögen, was sich abspielt, werden geistig getragen von Christus. Das Wort anapherei wird auch für opfern gebraucht. Melchisedek, der Urpriester des Alten Testaments, »trägt das Opfer für sein Volk empor« (anapherei). So trägt Christus, der Hohepriester der Menschheit, sich selbst als Opfer für die Sünden der Welt empor (Heb 7,27). In all diesen verschiedenen Zusammenhängen wird jedes Mal dasselbe Wort für opfern und emportragen gebraucht. Auch jetzt kann die Seele des Kindes sich nicht erheben ohne die Hilfe von Christus; darin können wir jedoch dem Kinde zur Seite stehen und ihm vorangehen.

Die Haltung des Priesters

Die Haltung, die der Priester am Altar einnimmt, ist beachtenswert, weil die Blickrichtung gerade andersherum ist als die während des Erwachsenengottesdienstes (der Menschenweihehandlung). Während der Menschenweihehandlung ist der Zelebrierende gemeinsam mit der Gemeinde zum Altar gewendet. In der Sonntagshandlung richtet er sich direkt zu den Kindern, vom Altar abgewendet. Die Stellung des Priesters hat eine lange Vorgeschichte, die uns etwas über die Veränderung sagt, die das menschliche Bewusstsein im Laufe der Jahrhunderte durchgemacht hat.

Im Urchristentum stand der Priester auf der anderen Seite des Altars und zelebrierte über den Altar hinweg zur Gemeinde hin. Mit der Apsis, dem Kuppelgewölbe, wie einen Himmel hinter sich – oft mit einem Gemälde des Auferstandenen darauf – war er noch eins mit der Welt, in der die Sakramente ihren Ursprung haben. In einer Zeit, in der noch kein Persönlichkeitskultus herrschte, konnte das Antlitz des Zelebrierenden Ausdruck der Welt werden, die er vermittelte. Die Überlieferung erzählt, dass das Antlitz der Apostel, wenn sie aus dem Leben des Christus erzählten, Ähnlichkeit mit Ihm zeigte. Mehr als heute war in der frühen Zeit des Christentums das menschliche Antlitz Ausdruck der geistigen Welt. Etwas davon ist noch auf Gemälden und Mosaiken dieser Anfangszeit wahrzunehmen. So ist es nicht verwunderlich, dass von dem Antlitz des Stephanus, des ersten christlichen Märtyrers, gesagt wird: » … und sahen sein Antlitz wie das Angesicht eines Engels« (Apg 6,15).

Mit dem Übergang vom ersten zum zweiten Jahrtausend nimmt der Priester einen anderen Platz ein: er wendet sich von der anderen Seite des Altars gemeinsam mit der Gemeinde zur göttlichen Welt. Die Persönlichkeit hat sich so stark entwickelt, dass das Antlitz den überpersönlichen kultischen Eindruck zudecken würde. Einige Male wendet sich der Priester im Verlauf des Gottesdienstes um und spricht zur Gemeinde. Diese Form, die sowohl dem Kultus als auch der Persönlichkeitsentwicklung gerecht wird, ist jetzt auch im Kultus der Christengemeinschaft gebräuchlich. Wenn das Evangelium am Altar gelesen wird, wendet sich der Priester schräg zur Gemeinde, als sollte diese Gebärde sagen: Im Evangelium klingen Menschen- und Engelwort, Persönlichkeit und das, was darüber hinausreicht, zusammen. Die Evangelien sind ja mehr als »nur« Engelworte (Eu-angelion); vier große Persönlichkeiten haben sie auch – jeder auf seine Weise – zu Papier gebracht.

Wenn sich nun in der Sonntagshandlung für die Kinder der Priester zur Gemeinde wendet, wiederholt sich in dieser Gebärde die Phase des Urchristentums. Die Kinder, selbst noch nicht zur Persönlichkeit gereift, nehmen noch anders wahr als wir Erwachsene. Die Beispiele aus dem Kapitel: »Erlebnisse von Kindern und Erwachsenen« sprechen für sich. Auch jetzt noch sind Kinder oft dazu in der Lage, durch das menschliche Antlitz hindurch eine andere Welt zu erkennen.

In der Sonntagshandlung gibt es einen Augenblick, in dem der Kultus auf ein zukünftiges Stadium deutet. Im zweiten Teil, in dem von Tod und Auferstehung gesprochen wird, weist der Priester zum Bildnis des auferstandenen Christus. Dies bildet den Keim für das, was in der Konfirmation zur Entfaltung kommt: das Mysterium von Tod und Auferstehung. Ein deutlich sichtbares Zeichen für die Wandlung, welche die jungen Menschen in diesem Alter erleben, ist die Umkehrung zum Altar, die der Konfirmation folgt. Während der Konfirmation ist der Zelebrierende noch zum größten Teil zu den jungen Menschen hin gewendet. In der Menschenweihehandlung, die im Anschluss daran gehalten wird, kehrt sich der Priester gemeinsam mit der Gemeinde zum Altar.

Auch die kultischen Gewänder verändern sich bei diesem Übergang. In der Sonntagshandlung wird der Mantel getragen. Bei der segnenden Gebärde, die der Priester mit ausgestreckten Armen macht, kann etwas von der beschützenden Kraft erlebt werden, die man sich von alters her bei einem Mantel vorstellt. In der Menschenweihehandlung trägt der Zelebrierende die Kasula, die auf der Rückseite – zumeist der Gemeinde sichtbar – eine gekrümmte, nach oben offene Form zeigt, die Ausdruck der Gebetsstimmung ist. Diese Urform des Gebets findet man schon auf den ältesten Darstellungen von Oranten.[20]

Der Weg der Sonntagshandlung

In der Abfolge der sieben Teile zeigt die Sonntagshandlung einen Weg, der klar aufgebaut ist. Zwischen Anfang und Ende liegt ein bedeutsamer Unterschied. Wenn man die Extreme in Form und Inhalt vergleicht, erkennt man etwas von dem Weg, den das Kind zurücklegt.

Im ersten Teil kommt unsere Verbundenheit mit dem Geist des Vaters zum Ausdruck, dem Einen Gott, der in allem und in allen wirkt, der die ganze Schöpfung durchdringt. Man kann sich ganz groß und weit fühlen, wenn man die Worte in ihrem rhythmischen Wellenschlag auf sich wirken lässt. Das Kind, das noch in die Welt seiner Herkunft eingebettet ist, kann etwas von dem »goldenen Haus« erleben, aus dem es stammt: dem Ursprung der sichtbaren und der unsichtbaren Welt. Zugleich wird in diesem ersten Teil unsere Fähigkeit aufgerufen, die Welt der Natur – Stein, Pflanze, Tier und Mensch – als Ausdruck des Geistes zu erkennen. Wo das geschieht, geht ein Mensch anders mit der Erde, mit der Natur um. Gerade in diesem Umgang muss sich das Christentum beweisen.»Der Heilige der Gegenwart muss die Erde lieben«, schreibt Michael Bauer.[21]

Im letzten Teil der Sonntagshandlung wird eine ganz andere Fähigkeit im Kind angesprochen: die Fähigkeit zu bewahren, zu festigen, zu konsolidieren. Unter diesem Vorzeichen entlässt der Priester die Kinder: Sie sollen bewahren, was sie aufgenommen haben. So weit und so groß der erste Teil ist, so nüchtern und irdisch ist der letzte Teil.

Der Weg, den die Kinder hier zurücklegen, zeigt Ähnlichkeit mit dem Weg auf, den die Jünger des Christus zurücklegen mussten: Vom Wasser zum Land. Wer als Fischer sein Leben auf dem Wasser verbrachte, musste das Boot verlassen, um Ihm zu folgen; musste mit Ihm den Weg von dem paradiesischen Galiläischen Meer bis zum irdischen Schädelplatz Golgatha zurücklegen. Am Ende seines Erdenweges bittet auch Christus seine Jünger, das, was sie erlebt haben, zu bewahren: »Vollzieht hinfort diese Handlung zu meinem Gedächtnis« (Lk 22, 19). So legen die Kinder im Kleinen den Weg zurück, der den Menschen zum Christen machen kann: von der Welt des göttlichen Ursprungs zur Welt des Sohnes. Bis in den Rhythmus der Worte und Sätze ist dieser Übergang vom »Strömenden« im Anfangsteil zum »Festen« im Schlussteil herauszuhören

Während im ersten Teil der Vater in seinem geistigen und natürlichen Wirken beschrieben wird, wird im zweiten Teil auf den Christus hingewiesen. Hier ist zum ersten Mal der Anteil des Menschen in Worte gekleidet. Christus wohnt nicht selbstverständlich in jedem Menschen. Erst da, wo ein Mensch ihm einen Platz schafft, kann er in die Seele eintreten. Von uns hängt es ab, ob der Sohn in uns zum Leben erweckt werden kann. Tod und Auferstehung werden in diesem Teil zum ersten und einzigen Male beschrieben. Auch in diesem Teil wird vom Geist gesprochen; aber es ist in diesem Zusammenhang deutlich, dass es sich hier um den Geist handelt, der vom Sohn ausgeht.

In dem hierauf folgenden Teil ist die dritte Person der Trinität, der Heilige Geist, der Mittelpunkt. Hier geht es um das Leben und um das Begreifen von Sinn und Bestimmung des Lebens. Noch mehr als im zweiten Teil wird hier in Worte gefasst, wie sehr die Zukunft auch von uns abhängig ist. Ohne den Anteil der menschlichen Liebe wird unser Dasein sinnlos. In diesem Teil wird Christus als Lehrer beschrieben. Auch im Evangelium finden wir die Wirksamkeit des Heiligen Geistes immer wieder als die Kraft beschrieben, die uns lehrt zu verstehen: » ... der wird euch dies alles verstehen lehren und in euch die Erinnerung wecken an alles, was ich euch gesagt habe« (Joh 14, 26).

In der Sonntagshandlung wird in gewissem Sinne die Taufe fortgesetzt. Etwas davon kann man an den ersten drei Teilen ablesen, die das Kind mit der dauernden Anwesenheit und Wirksamkeit von Vater, Sohn und Heiligem Geist vertraut machen. Wenn Christus seinen Taufauftrag gibt (» ... tauft sie im Namen des Vaters und des Sohnes und des Heiligen Geistes«, Mt 28, 19) bedeutet das keine einmalige Handlung, die für alle Zeiten geschieht. Jede christliche Taufe verlangt nach Fortsetzung, nicht nur, um etwas von der Dreifaltigkeit zu erkennen, mehr noch, um in die Wirkung der Trinität eingetaucht zu werden.

Der vierte Teil der Sonntagshandlung besteht aus einem gemeinsamen Gebet, das vom Priester gesprochen und von den Kindern nachgesprochen wird. Die Form dieses Gebetes ist ungewöhnlich: Nirgends wird die Gottheit in der direkten Rede angesprochen, wie wir dies aus den meisten Gebeten kennen. Dieses Ich – Du wird zum ersten Mal in der Konfirmation und in noch stärkerem Maße in der Menschenweihehandlung gebraucht. Statt dessen wird in der Sonntagshandlung vom göttlichen Geist in der dritten Person und mit einem gewissen Abstand und mit Ehrfurcht gesprochen. Die sieben Sätze dieses Gebetes lassen im Kleinen den Weg sehen, den ein Mensch von seiner ursprünglichen Verbindung mit der göttlichen Welt zu einer christlichen Gemeinschaft zu gehen hat. In den ersten drei Teilen des Gebetes geht es noch um eine Verbindung, indem man sich erhebt, indem man verehrt und liebt. Im mittleren Teil, dem vierten Satz, wird von einer Verbindung mit dem Geist durch das Denken gesprochen. Im fünften Teil des Gebets ist zum ersten Mal die Rede von einer Eigenschaft, die in hohem Maße in unsere Zeit gehört: sich denkend mit dem Geiste zu verbinden. Nach dem engen Durchgang dieses Teils wird das Gebet wieder weit mit den Motiven des Zusammenseins (6. Satz) und der Vereinigung mit dem Geist (7. Satz).

Der fünfte Teil der Sonntagshandlung hat den Charakter einer Kommunion, was dadurch betont wird, dass der Priester jedem einzelnen Kind die Hand gibt und es anspricht. Aber dieser Satz und die Antwort, die das Kind gibt, sind Versprechen für die Zukunft. Erst mit ihrem vierzehnten Jahr empfangen die Kinder im Anschluss an die Konfirmation zum ersten Mal die Kommunion in Gestalt von Brot und Wein. Hier, in der Sonntagshandlung, wird mit dem Versprechen, dass der Geist dem Kinde beistehen wird, die Fähigkeit aufgerufen, Christ zu werden. Hier erscheint noch einmal das Motiv des Weges, der gesucht und begangen werden muss, um dem Christus folgen zu können.

Bei der Taufe wird über dem neugeborenen Kind eine Zusage gemacht, die sich im gleichen Augenblick zu verwirklichen beginnt. Die Paten gehen ihm voran auf dem Wege dazu, Christ zu werden, sie helfen ihm auf diesem Weg. In der Sonntagshandlung lernt das Kind – jetzt mit der Hilfe und Fürbitte von Erwachsenen – die ersten Schritte allein auf diesem Weg zu tun. Nach der Konfirmation sucht der junge Mensch in zunehmendem Maße seinen eigenen Weg.

Oft wundern sich die Eltern (aber auch Kinder, wenn sie älter werden und die selbstverständliche Religiosität verschwindet), dass jedes Kind in der Sonntagshandlung die gleiche Antwort gibt: »Ich will ihn suchen.« Hierzu stellten Zwölfjährige einmal in einer Religionsstunde, die der Sonntagshandlung folgte, die Frage: »Ich weiß nicht, ob ich das wirklich will.« In diesem Fall war meine Antwort: »In jedem Menschen ist etwas, das immer auf der Suche ist. Aber es ist auch etwas in dir, das zweifelt, oder das überhaupt nicht suchen will. Du antwortest mit dem in dir, das ja sagt.« Und damit war (für einige Zeit!) das Gespräch zu Ende. In der Sonntagshandlung wird das Kind so angesprochen, dass sich auch das höhere Ich, von dem es noch überstrahlt wird, aussprechen kann.

Dieser Teil der Sonntagshandlung wird mit einer Segnung durch den Priester abgeschlossen, mit weit ausgebreiteten Armen und Händen. Die Gebärde der Hände, wobei der Mittel- und der Ringfinger gespreizt werden, kennen wir von alten Ikonen. Aber auch im jüdischen Kultus wird eine entsprechende Geste gemacht. Dort deutet es auf das hebräische »Shin«, den Anfangsbuchstaben des Wortes »Shalom« (Friede). Bis in diese Gebärde hinein ist der Kommunionscharakter zu erkennen.[22]

Der sechste Teil der Sonntagshandlung besteht aus einer Evangelienlesung und der Antwort der Kinder in Form eines Liedes. Wie in der Menschenweihehandlung auf das Evangelium das Credo, das Glaubensbekenntnis, folgt, so bekennen die Kinder ihren erwachenden Glauben mit einem Lied. Auch hier sehen wir die früher beschriebene Erscheinung: Während die jüngeren Kinder direkt und spontan singen, werden die älteren darin zurückhaltend.

Der siebte Teil der Sonntagshandlung wurde schon zu Beginn dieses Kapitels beschrieben, um den Gegensatz zum ersten Teil deutlich werden zu lassen. Die Schlussworte bestätigen und bekräftigen das Vorangegangene. Auch die Schlussmusik, die hierauf folgt, könnte diesen Charakter haben. »Feierlich und kräftig im Rhythmus«, riet Rudolf Steiner den Musikern.[23]

Kultus als Spiegelbild

Die Sonntagshandlung umreißt in aller Kürze einen unermesslich langen Weg: von der Welt, aus der der Mensch stammt, zur Erdenwelt, wo er seine Aufgaben und Verantwortlichkeiten zu tragen hat.

Vom Hereinkommen an wird das Kind von Ministranten, Priestern und Eltern begleitet. Gemeinsam mit ihnen erhebt es sich zur Lichtwelt des Geistes. Bis zu einem gewissen Grade sind die drei ersten Teile eine Erinnerung an das geistige Geburtsland des Menschen; in zunehmendem Maße sprechen sie jedoch von unserer Aufgabe auf der Erde. Wenn im vierten Teil das gemeinsame Gebet erklungen ist, bekommen die Kinder ein Versprechen und einen Segen mit auf den Weg.

Der Schlusssatz, der mit den Worten beginnt: »Ich entlasse euch nun ...« bringt das Kind ins tägliche Leben zurück – mit der Bitte, das zu bewahren, was es aufgenommen hat.

Jeder echte Kultus hat seinen Ursprung in der geistigen Welt. Manchmal kann das unmittelbar an einem kultischen Text abgelesen werden, wie an dem »Sanctus« in der lateinischen Messe: Der Text stammt aus dem Alten Testament, wo der Prophet Jesaja Zeuge vom Kultus der Hierarchien ist. Das dreifache: »Heilig« wird ursprünglich von Engeln gesprochen – um später Teil des christlichen Kultus zu werden (Je 6,3). Rudolf Steiner bezeichnet die Rituale der Christengemeinschaft als eine Spiegelung des himmlischen Kultus. So gibt er in einem der Karmavorträge ein detailliertes Bild vom Bestattungsritual in der Christengemeinschaft:[24]

> *» ... wenn hier ein Spiegel ist, hier ein Gegenstand oder Wesen, so sehen Sie hier das Spiegelbild darin. Sie haben zwei, das Wesenhafte und das Spiegelbild. So haben Sie zwei, wenn ein Totenkult sich abspielt. Dasjenige, was der Kult ist, der vor dem Sarge durch den Priester gehalten wird, das ist nur ein Spiegelbild. Das ist ein wirkliches Spiegelbild und wäre nicht eine Realität, wenn es nicht ein Spiegelbild wäre. Was spiegelt es? Dasjenige, was der Priester hier tut, indem er vor der Leiche steht, seinen Kultus verrichtet, das hat sein Ursprungsbild in der anstoßenden übersinnlichen Welt, wo, während wir hier vor dem physischen Leibe und dem eigentlich noch immer anwesenden Ätherleibe den irdischen Kultus verrichten, der himmlische Kultus verrich-*

tet wird von der anderen Seite, von den Wesenheiten der anderen Seite des Daseins, wo das Seelisch-Geistige empfangen wird mit dem Empfangskultus, wie wir hier mit dem Abschiedskultus vor der Leiche stehen. Nur dann ist ein Kultus eine Wahrheit, wenn er diesen realen Ursprung hat. (…) Verrichten wir einen wahren Totenkult, so korrespondiert diesem Totenkult die übersinnliche Handlungsweise. Das wirkt zusammen. Und ist Andacht, Wahrheit, Würdigkeit in dem Totengebet, so klingen in dem Totengebet die Gebete der Wesenheiten der höheren Hierarchien in der übersinnlichen Welt mit. Sie vibrieren mit. Da spielt geistige Welt und physische Welt zusammen.«

Wenn das Begräbnisritual ein Spiegelbild des Empfangskultus in der geistigen Welt ist, könnte man sich umgekehrt fragen: Ist das Ritual der Sonntagshandlung eine Spiegelung des »Abschiedskultus der Hierarchien«, die Begleitung des Ungeborenen zur Erde?

Als Eltern, Erzieher und Paten müssen wir in gewissem Sinne das Werk der Engel fortsetzen: Was sie vorgeburtlich begleiten, muss nun zu einem wesentlichen Teil von Menschen übernommen werden.

Erlebnisse von Kindern und Erwachsenen

Unzählige Erlebnisse, die Kinder von einer geistigen Realität haben, spielen sich halbbewusst oder unbewusst ab. Auch wenn ein Kind mehr oder weniger bewusst etwas von dieser Realität erlebt, gelingt es nicht immer, das in Worte zu kleiden, was eine unmittelbare Erfahrung gewesen ist. Viele Kinder können nicht einmal sagen, ob sie an der Sonntagshandlung etwas erlebt haben. Bei sorgfältiger Wahrnehmung merkt man auf die Dauer jedoch, dass sie anders gehen, als sie gekommen sind. In den vierzehn Jahren, die ich als Pfarrer an den Kinderlagern der Christengemeinschaft teilnahm, wurde dieser Eindruck bestätigt. An den Sonntagen eines solchen Lagers, wenn eine große Gruppe von Kindern die Sonntagshandlung mitmacht, sind sie offener und empfänglicher als sonst. In einer Lebensgemeinschaft wie dieser, bei der man vierzehn Tage lang intensiv miteinander umgeht, bildet die Sonntagshandlung einen besonderen Höhepunkt.

Diese Handlung findet in einem großen Zelt statt, mitten in der Natur. Die erste Erfahrung wurde von einem sechzehnjährigen Mädchen, einige Jahre nach dem Ereignis aufgeschrieben. In dem Moment der Erfahrung, als Dreizehnjährige, war sie so beeindruckt, dass sie dafür kaum Worte finden konnte.

> *»Ich war noch nie mit der Christengemeinschaft in Berührung gekommen und ging daher auch zum ersten Mal zur Sonntagshandlung. Wir mussten ganz still sein und uns in zwei Reihen nebeneinander, also zu zweit, aufstellen und ins Zelt hineingehen. Meine Hand wurde gegriffen und irgend etwas wurde zu mir gesagt. Ich schaute mich erstaunt um und musste mich wieder in die Reihe stellen. An beiden Seiten des Zeltes sah ich die Helfer stehen, sie standen (fand ich damals) schrecklich still, als wenn sie Standbilder wären. Zwei Jungen vor mir redeten und kicherten. Ich stand wie alle anderen Kinder mit dem Gesicht zum Altar, und da stand ein Mann in einem langen Gewand mit dem Rücken zu uns. Plötzlich drehte er sich um. Ich hatte die Helfer nicht nach vorne gehen sehen, aber jetzt standen sie da zu beiden Seiten des Altars. Ich*

erkannte Herrn Baan, aber er war nicht mehr derjenige, der den Spruch vorm Essen sagte oder der im Amphitheater von dem Hobbit Bilbo Balings erzählte. Er war jemand ganz anderer, aber schon noch der Priester Baan.
Die Handlung ging ziemlich schnell an mir vorüber, aber da kam der Priester vom Altar nach unten und gab jedem einzelnen Kind die Hand und sagte: »Der Gottesgeist wird sein mit dir, wenn du ihn suchest«, und jedes Kind antwortete dann: »Ich will ihn suchen«. So kam er auch zu mir. Als er bei allen Kindern gewesen war, ging er zum Altar zurück, stand einen Augenblick mit dem Rücken zu uns und drehte sich dann um. Er hob seine Hände hoch, und in dem Moment, als er sie beinahe über seinem Kopf hatte, verschwamm das Gesicht des Priesters, und es wurde ein anderes Gesicht und ein anderer Körper sichtbar. Diese Gestalt stand da nun mit den Händen und Armen weit über seinem Kopf erhoben. Es war, als strahle er Licht aus und das Licht erfüllte das ganze Zelt und jeden im Zelt. Da sagte eine Stimme von ganz weit weg: »Ich rufe zum Gottesgeist, dass er sei bei euch, wenn ihr ihn suchet.« Ich erkannte die Stimme des Priesters, aber ich sah ihn nicht richtig. Die andere Gestalt stand vor ihm oder durch ihn hindurch, das weiß ich nicht so genau. Dann sagte diese Stimme weit weg noch etwas, und der Priester drehte sich um. Die andere Gestalt blieb noch einen Augenblick stehen und verschwand dann. Danach bin ich mit allen wieder nach draußen gegangen, und später habe ich Herrn Baan erzählt, was ich während der Sonntagshandlung gesehen hatte. Danach habe ich nie wieder mit jemandem darüber gesprochen, warum, weiß ich nicht.«

Eine zweite Erfahrung ist von einem zwölfjährigen Mädchen aufgeschrieben worden, das in einer Kapelle der Christengemeinschaft in jungem Alter einen einzigartigen, beinahe überwältigenden Eindruck bekommen hat.

»Als ich sieben Jahre alt war, sah ich bei der Handlung einen Engel über den Schultern des Priesters. Aufgeregt rannte ich nach Hause und erzählte meiner Mutter, was ich gesehen hatte. Erstaunt war ich darüber, dass es kein Glanzbild-Engel war, wie ich sie kannte. Später habe ich nie mehr daran gedacht.
Wenn mich jetzt jemand fragt, ob ich an Engel glaube, könnte ich sofort daran zweifeln, und doch weiß ich, dass ich einen gesehen habe.«

Manchmal dringt nach vielen Jahren etwas ins Bewusstsein, was vorher ein schlafendes Dasein geführt hat. Ein Erwachsener erzählte, dass er als Kind wirklich gern zur Sonntagshandlung ging, aber nicht sagen konnte, warum er das tat. Seine Füße brachten ihn ganz von selbst dorthin, niemand brauchte ihn dazu anzutreiben. Da er in der Waldorfschule war, ging er oft abwechselnd zu den Handlungen in der Schule und zur Sonntagshandlung in der Christengemeinschaft. Mit einundzwanzig Jahren hielt er sich lange Zeit allein im Ausland auf, in einer Umgebung, in der er auf sich selbst angewiesen war. In dieser Phase großer Einsamkeit hatte er einen sich stets wiederholenden Traum. Er träumte, dass er wieder den Sonntagsdienst mitmachte, jetzt als Erwachsener – und erlebte dessen segnende Kraft so unmittelbar, als stünden seine ehemaligen Lehrer und Priester vor ihm. Was er als Kind ohne nachzudenken aufgenommen hatte, war zu einer Kraft geworden, die ihm dabei half, in einer entscheidenden Phase seines Lebens standhaft zu bleiben.

In dem Kapitel »Religiöse Erziehung« wurde auf die Bedeutung der Wiederholung in der religiösen Formung hingewiesen. Ausnahmen bestätigen die Regel! Eine solche Ausnahme bildet das Erlebnis eines Mädchens, das nur ein einziges Mal in ihrem Leben die Sonntagshandlung der Christengemeinschaft mitgemacht hatte – und am Ende ihres Lebens darauf zurückkam. Da lag sie als noch junge Frau unheilbar krank in einem Krankenhaus. Auf die Frage einer Krankenschwester, ob sie vielleicht ein Gespräch mit einem geistlichen Fürsorger, einem Pastor oder Pfarrer wolle, antwortet sie ablehnend. Aber nachdem sie einige Zeit nachgedacht hatte, sagte sie:

> *»Ja, vielleicht doch. Ich bin einmal, als ich zwölf war, mit einer Freundin mitgewesen in einem Kinderlager. Und da war ein Priester, und der hielt eine Handlung für alle Kinder. Mit einem solchen Priester möchte ich gern sprechen.«*

Die Krankenschwester ist auf die Suche gegangen, und das Gespräch kam zustande.

Das letzte Erlebnis, das hier wiedergegeben wird, stammt von einem Waldorflehrer, der die Schulhandlungen hielt, auf welche in dem hiernach folgenden Beitrag von Andries Hibma ausführlich eingegangen wird. In seiner autobiographischen Skizze beschreibt Walther Johannes Stein, Lehrer an der ersten Waldorfschule in Stuttgart, was er in den Handlungen erlebt.

»Dieser sonntägliche Gottesdienst hatte etwas sehr Beeindruckendes an sich, und einmal berührte er mich ganz besonders tief. Das Erlebnis wurde immer konkreter, bis es schließlich in eine geistige Schau einmündete. Ich erlebte mit vollkommener Klarheit, wie ich allmählich in einen ungewöhnlichen Zustand kam und mich von der Leibesgrundlage befreite. Von nun an wusste ich aus eigener Erfahrung, was es bedeutete, in leibfreier Weise die geistige Welt zu betreten und ohne die leiblichen Sinnesorgane wahrzunehmen.
Rudolf Steiner, der mir mein Erlebnis erklärte, sagte, es entspreche einer bestimmten Stufe eines geistigen Entwicklungspfades, mit der er selbst wohl vertraut war. Er schrieb mir einen langen Erklärungsbrief, dem er später noch mündliche Ausführungen beifügte. Zum ersten Male erlebte ich einen Bewusstseinszustand, in welchem meine Gedanken in den kosmischen Umkreis, meine Gefühle in die Planetensphären, mein Wille in die Elemente Feuer, Luft, Wasser, Erde hinausgetragen wurden. Rudolf Steiner fasste das Erlebnis im folgenden Meditationsspruch für mich zusammen:

Mein Haupt trägt
der Ruhesterne Sein,
Meine Brust birgt
der Wandelsterne Leben,
Mein Leib west
im Elementenwesen.
Das bin ich.«[25]

Die Weihnachtshandlung für die Kinder

Christlicher Kultus und Evangelien schöpfen aus derselben Quelle; beide lauschen sie dem »Engelwort« (Griechisch: Eu-angelion) und übersetzen es. Ganz selbstverständlich war es, dass man in früheren Zeiten die Evangelisten zusammen mit dem Engel abbildete, der sie inspirierte. Wie wir früher schon gesehen haben, stammen einige überlieferte Teile des Kultus, wie zum Beispiel das »Sanctus«, wörtlich aus der Bibel; manchmal – wie in der Weihnachtshandlung für die Kinder – sind sie eng damit verwandt. In dieser Handlung ist die Weihnachtsgeschichte aus dem Lukasevangelium (Luk 2) in gewissem Sinne der Hintergrund des kultischen Textes. Aber vielleicht dürfte man auch sagen: Das Lukasevangelium und die Weihnachtshandlung sind von demselben Engel inspiriert! Hierdurch wird auch verständlich, dass in der Weihnachthandlung oft kein Evangelium gelesen wird. Sie besteht gewissermaßen aus einer einzigen großen Verkündigung des Evangeliums.

In zwölf Teilen, mit zwölf verschiedenen Stimmungen, wird das Geschehen der Geburt des Kindes Jesus mit der Geburt des Christus in der Menschenseele verbunden. Es geht um mehr als um die Geburt Jesu. In ihm tritt der Christus, die geistige Sonne, die alles und jeden überstrahlt, in Erscheinung. Die Geschehnisse der ersten Weihnacht werden so beschrieben, dass Hirten und Kinder in gewissem Sinne die gleiche Rolle spielen. Was das Kind in jeder Sonntagshandlung während des ganzen Jahres antwortet: »Ich will ihn suchen«, wird in übereinstimmenden Worten von den Hirten gesagt. Das Geschehen der Weihnacht ist der Beginn eines neuen »Weltenmorgens«. Wie auf die Nacht der Morgen und der Tag folgen, so führt das Ritual des einzigartigen Geschehens der Weihnacht zu dem Weltenmorgen, an dem jeder Mensch aus dem Schlaf seiner Seele erwachen und teilnehmen kann an dem Licht des Geistes, das heller als der Tag ist.

In der Weihnachtshandlung sprechen die Kinder kein Gebet. Es erklingt keine Antwort auf den Satz, den der Priester zu jedem einzelnen Kind sagt. In manchen Gemeinden wird kein Lied gesungen. Still empfangen die Kinder die so weitreichende Verkündigung, auf dass sie in ihrem Leben Frucht tragen möge.

Die Pfingsthymne

Außer zu Weihnachten weicht die Sonntagshandlung auch am Pfingsttag von der gebräuchlichen Form ab. Hier wird nach der Evangelienlesung ein Pfingsthymnus gesprochen. Er stammt von dem Abt und Erzbischof Hrabanus Maurus aus dem neunten Jahrhundert. Unter dem lateinischen Titel »Veni creator spiritus« hat dieser Hymnus im Laufe der Jahrhunderte seinen Weg in so manche kultische Texte und Lieder gefunden. Goethe entdeckte den Text wieder neu und hat ihn frei übersetzt. Die sieben Strophen, die jede eine andere Qualität des Geistes beschreiben, sind erfüllt von einer wundersamen Stimmung der Wärme und Begeisterung. Goethe beschrieb diese Stimmung als »einen Appell an das Genie, darum spricht er geistreiche und kräftige Menschen mächtig an«. Da, wo das menschliche Genie inspiriert wird vom Genius, vom Schutzengel, kann der Heilige Geist wirken. In diesem Wortverständnis richtet jede Sonntagshandlung, die wir für die Kinder und mit ihnen halten, einen Appell an das Genie.

Die Sonntagshandlung der Christengemeinschaft im Verhältnis zu den Handlungen an den Waldorfschulen

von Andries Hibma

Die Sonntagshandlung in der Christengemeinschaft ist auf besondere Weise mit den Handlungen verbunden, die an den Waldorfschulen gehalten werden. Wenn wir die Entstehungsgeschichte näher betrachten, wird deutlich werden, worin diese nahe Verwandtschaft besteht. Zugleich wird sichtbar werden, dass es völlig autonome Erscheinungen sind mit einer eigenen Wirksamkeit in den Gemeinschaften, in denen sie vollzogen werden.

Um den Zusammenhang zu erkennen, ist es notwendig, in aller Kürze wiederzugeben, wann und wie die vier Schulhandlungen – die Sonntagshandlung, die Weihnachtshandlung, die Jugendfeier und die Opferfeier – und wie die Sonntagshandlungen für Kinder, die Weihnachtshandlung für Kinder, die Konfirmation und die Menschenweihehandlung entstanden sind. Das dürfte auch historisch von Interesse sein. Die Handlungen in der Schule werden von Lehrern gehalten, die in der Christengemeinschaft von den Priestern mit Hilfe der Ministranten.

Die Sonntagshandlung – 1. Februar 1920

Schon bevor im September 1919 die erste Waldorfschule – die Waldorfschule in Stuttgart – die Arbeit aufgenommen hatte, war die Frage nach der religiösen Erziehung behandelt worden. In der Eröffnungsansprache Anfang September wurde dann durch Rudolf Steiner verkündet, dass der Religionsunterricht auch innerhalb der Waldorfschule Angelegenheit der traditionellen Glaubensgemeinschaften sein sollte. Außer der Tatsache, dass also die Pfarrer der katholischen und protestantischen Kirchen im Rahmen des Lehrplans für »ihre« Kinder den Religionsunterricht übernahmen, wurde auf Bitten von Eltern, die keiner kirchlichen Gemeinschaft angehörten, der »Freie Religionsunterricht« eingerichtet, gegeben von den eigenen Lehrern. Herbert Hahn (Klasse 1 – 4) und Friedrich Oehlschlegel (Klasse 5 – 8) wurde diese besondere Aufgabe übertragen. Im Lehrplan wurden Form, Unterrichtsstoff und die Anzahl der Unterrichtsstunden festgelegt.

Und so, wie andere Glaubensgemeinschaften außer ihren Unterrichtsstunden ihre sonntägliche Feier in der Kirche hatten, entstand bei den Eltern der Kinder, die nun den Religionsunterricht der Waldorfschule besuchten, auch das Bedürfnis nach einer religiösen Sonntagsfeier. Diese Frage wurde auf einem Elternabend am 3. November 1919 ausführlich besprochen. »Nachdem Überlegungen dazu unbefriedigend verlaufen waren, baten die beiden Religionslehrer in der Weihnachtszeit 1919 um seinen [Rudolf Steiners] Rat. Wenige Tage später übergab er ihnen das Ritual für die Sonntagshandlung.«[26] Weiterhin gab er Anweisungen zur Einrichtung der zu benutzenden Räume sowie der Farben, der Stellung des Altars, der Leuchter, Bilder und Stühle. Dieses alles wurde mit große Freude und

Sorgfalt vorbereitet, so dass am 1. Februar 1920 die erste Sonntagshandlung gehalten werden konnte.

Die Handlungen wurden innerhalb der Schule gehalten und waren nur den Eltern, Erziehern und Lehrern der Kinder zugänglich: »Die Sonntagshandlungen sind nur für diejenigen Kinder, die am freien Religionsunterricht teilnehmen. Sie bieten einen Ersatz für die, welche keinen Ritus haben, für die Kinder und die Eltern.«[27] Rudolf Steiner rechnete nachdrücklich damit, dass so viele Lehrer wie möglich anwesend waren.

Die Durchführung der Religionsstunden wie auch der Handlungen wurde von großem Ernst und einem tiefen Verantwortungsgefühl getragen. Auch die Auswahl von Lehrern, die sowohl die Unterrichtsstunden als auch die Handlungen abhielten, wurde von Rudolf Steiner mit größter Behutsamkeit getroffen. Die letzte Verantwortung für diese Religionsstunden und die Handlungen lag bei der Anthroposophischen Gesellschaft.

Die Weihnachtshandlung – 25. Dezember 1920

Als besondere Ergänzung wurde auf eine Frage von Herbert Hahn im Herbst desselben Jahres die Weihnachtshandlung von Rudolf Steiner konzipiert und am 25. Dezember 1920 zum ersten Mal in der Waldorfschule in Stuttgart gehalten. Zwar war der äußere Ablauf mehr oder weniger der gleiche wie bei der Sonntagshandlung, der Text war jedoch in einer ganz eigenen Weise eine Wiedergabe der Erlebnisse der Hirten von Bethlehem bei dem kosmischen Ereignis der ersten Weltenweihnacht. Diese Handlung war für die ganze Schulgemeinschaft bestimmt. Auch durften Verwandte der Kinder und Lehrer teilnehmen.

Die Jugendfeier – 20. März 1921 (Palmsonntag)
Da die Waldorfschule in Stuttgart sofort mit acht Klassen anfing (ab September 1920 auch eine neunte Klasse), wurde für die älteren Kinder, welche die damalige Volksschule durchlaufen hatten und »dem Leben« anvertraut wurden, nach einer Feier gefragt, die eine Art Pendant zu der in den konfessionellen Glaubensgemeinschaften gebräuchlichen Konfirmation sein konnte. In der Lehrerkonferenz vom 14. März 1920 war schon um eine Art Osterfeier oder Frühlingsfeier für die älteren, nichtkonfessionell gebundenen Schüler gebeten worden. Rudolf Steiner gab zur Antwort, das man die vier oberen Klassen zu einer Feier vereinigen könnte. Diese wurde, nachdem Rudolf Steiner aus eigener Initiative die kultischen Texte überreicht hatte, im darauf folgenden Frühjahr vorbereitet und als Jugendfeier eingerichtet. Sie wurde am 20. März 1921, Palmsonntag, zum ersten Mal für die achte und neunte Klasse gehalten. Merkwürdigerweise sind in den Konferenzen mit keinem Wort die direkten Vorbereitungen erwähnt worden, und auch nicht, dass man nun zum ersten Mal die Jugendfeier hielt, nicht einmal als Rückblick in der Konferenz vom 23. März 1921.
Genau wie bei der Sonntagshandlung ging es bei der Jugendfeier nicht um das »Behandeln« bestimmter religiöser Inhalte, sondern darum, dass sich wirklich etwas veränderte in dem sich entwickelnden und sich stark verändernden Seelenleben des Jugendlichen, der die Handlung mitmachte. Und – wie bereits ausführlich besprochen – wollte auch die Jugendfeier (der Konfirmation vergleichbar) einen Prozess der Erdenreifung dadurch begleiten, dass Sterbeprozesse im Leben des Menschen bewusst gemacht wurden.

Als nach Gründung der Christengemeinschaft im Jahre 1922 Jugendliche sowohl an den Feiern in der Schule als auch in der Kirche der Christengemeinschaft teilnehmen wollten, war die lakonische Antwort von Rudolf Steiner: »Diejenigen, die bei uns am freien Religionsunterricht teilnehmen, die können, wenn sie das nötige Alter haben, bei uns an der Jugendweihe teilnehmen. (...) Wenn sie aber an beiden Jugendfeiern teilnehmen wollen, dagegen könen wir nichts machen. Es ist ja kein wesentlicher Unterschied.«[28]

Als letztes wurde von Rudolf Steiner, nachdem im September 1922 schon die Wirksamkeit der Christengemeinschaft angefangen hatte, im Frühling 1923 für die beiden obersten Klassen der Waldorfschule die Opferfeier hinzugefügt. Sie fand zum ersten Mal statt am Palmsonntag, 25.3.1923.

Der Lehrplan des Religionsunterrichtes an der Waldorfschule

Soll der Religionsunterricht in der Waldorfschule wirklich unabhängig von jeder Konfession sein, so müssen an Inhalt und Aufbau ganz spezifische Forderungen gestellt werden.

Im Lehrplanvortrag vom 6. September 1919 wies Rudolf Steiner darauf hin, wie ein lebendiger *Geist* das Schulgeschehen durchdringen müsse, um den Schülern eine freie Entwicklung zu ermöglichen.[29] Es war früher schon dargestellt worden, dass im Allgemeinen beim Religionsunterricht keine spezifisch kirchlichen Inhalte behandelt werden sollten, dass es dagegen sehr günstig schien, gerade im Religionsunterricht auch normale Lehrgebiete aus der Physik, der Erdkunde, Geschichte und Kunstgeschichte einzubeziehen.

Rudolf Steiner wollte dem, was die bereits bestehenden Glaubensgemeinschaften an Form und Inhalt in ihrem Religionsunterricht hatten, durchaus keinen Abbruch tun, damit er »ehrlich«, wie er sagte, dem Versprechen nachkam, in der Waldorfschule Raum zu schaffen für diese weltanschaulichen Strömungen:

»Ehrlich werden wir einhalten, was wir gelobt haben: dass die verschiedenen Religionsbekenntnisse, die von sich aus den Religionsunterricht erteilen wollen, ihre Weltanschauungsprinzipien in unsere Schule hineintragen können.«[30]

In der Lehrerkonferenz vom 26. September 1919 hatte Rudolf Steiner mit den Lehrern die Frage von Eltern besprochen, die keiner kirchlichen Gemeinschaft verbunden waren und gern einen Religionsunterricht für ihre Kinder wollten. Steiner antwortete, dass dies dann als der dritte Strom neben dem protestantischen und katholischen Strom stehen könne. Eine *Gruppe* aus den Kindern der Klassen 1 – 4 und eine aus den Klassen 5 – 8. Die Lehrer würden die Stunden selbst geben können und zwar ... am liebsten am Sonntag, »aber das würde sich wohl schlecht machen lassen«.[31]

Den Lehrplan (zwei Wochenstunden pro Klasse) wollen wir hier folgendermaßen zusammenfassen: Die Kinder in der ersten Stufe (Klasse 1 – 4) durch Geschichten, Lieder, Gespräche das *Göttliche in der Natur* erleben lassen; für die zweite Stufe (Klasse 5 – 8) ist es wichtig, dass aus dem, was im Unterricht gelehrt wird, *das Schicksal des menschlichen Lebenslaufes spricht*; in der dritten Stufe (Klasse 9 und höher) machen die Schüler mit der *Wirksamkeit des Geistes* Bekanntschaft, der erlebbar wird durch eine Übersicht über die Kulturen, Weltanschauungen und Welt-Religionen der Menschheit.

Immer wieder weist Rudolf Steiner darauf hin, dass das Wesentliche einer religiösen Erziehung nach anthroposophischen Erkenntnissen im *Gefühlsmäßigen* liegt, dass es sich *um die Gefühle* im Hinblick auf Mensch und Kosmos handelt. Neben der Betonung der Gefühlsqualität in der religiösen Entwicklung wies Steiner auf weitere wichtige Grundhaltungen in der Entwicklung des menschlichen Seelenlebens hin, nämlich die *Ehrfurcht*.

Johann Wolfgang von Goethe beschreibt in seinem Roman *Wilhelm Meisters Wanderjahre* die sogenannte pädagogischen Provinz, in der auf besondere Art erzieherische Ideale realisiert werden. Dabei wird die dreifache Ehrfurcht hervorgehoben – vor dem was *über uns, unter uns, und neben uns ist* – die, wenn sie zusammenfließt und ein Ganzes bildet, erst ihre höchste Kraft und Wirkung entfaltet (s. auch S. 25). In der religiösen Erziehung aus der Anthroposophie heraus ist diese dreifache Qualität eine unverzichtbare Stütze. In den Sonntagshandlungen wird über die Ehrfurcht (die Verehrung) als eine der höchsten menschlichen Qualitäten gesprochen.

Was in den ersten sieben Jahren der Entwicklung des Kindes durch die Nachahmung geweckt werden kann, metamorphosiert sich im späteren Leben zu der Fähigkeit der *Hingabe* und zu dem Willen, an *kultischen Handlungen* teilzunehmen. Wenn die Erzieher Dankbarkeit, Liebe und Pflichtgefühl vorleben, können die Kinder diese Qualitäten erlebend aufnehmen. Für den Erzieher sind dabei Ehrfurcht und Respekt vor dem Kinde unentbehrlich.

Die Entstehung der Christengemeinschaft

Im Herbst 1921 wurde in Dornach ein Kurs für Theologen abgehalten, die an Rudolf Steiner herangetreten waren mit der Frage nach einer Erneuerung auf dem religiösen Gebiet. Bei diesem Kurs waren auch Religionslehrer der Waldorfschule anwesend. Rudolf Steiner ging während dieser Zusammenkünfte ausführlich auf den Religionsunterricht an der Waldorfschule ein und auf die Texte der Rituale, die ihm aus der geistigen Welt zugekommen waren. Die wesentliche Bedeutung der Handlungen liegt in der Begegnung des Kindes mit den Liebekräften Christi und ihrer Wirksamkeit auf der Erde, im Erleben seiner helfenden, schützenden und tröstenden Führung.

Während einer dieser Zusammenkünfte wurden dem Kreis zukünftiger Priester die Texte der drei Schulhandlungen, die es bis dahin gab (Sonntagshandlung, Weihnachtshandlung und Jugendfeier) gegeben, außerdem ein Konzept für die erneuerten Messe (der späteren Menschenweihehandlung), das Taufritual und das Begräbnisritual.

In der Lehrerkonferenz vom 16. November 1921 berichtete Rudolf Steiner von der Bewegung, die zu einer Zusammenkunft von Theologen als einer äußerst esoterischen Angelegenheit geführt hatte und die durch die Einmütigkeit die Möglichkeit einer neuen kultischen Gemeinschaft in sich trug.

Wie auch die anderen Glaubensgemeinschaften ihre Religionsstunden in den Schulen abhalten konnten, wurde dies später auch für die Christengemeinschaft möglich. Aber soweit war es im Frühjahr 1922 noch lange nicht, und es sollte sogar bis nach der Zeit des Nationalsozialismus – als Waldorfschule und Christengemeinschaft verboten waren – dauern, bis von der Christengemeinschaft aus Religionsstunden innerhalb des Lehrplans der Waldorfschule für die Kinder gegeben wurden, deren Eltern mit dieser religiösen Bewegung verbunden waren.

Die Menschenweihehandlung – 16. September 1922
Nach einer Phase sehr intensiver Vorbereitung wurde am 16. September 1922 im Goetheanum, Dornach, die Christengemeinschaft gegründet, mit der Weihe des ersten Kreises von 45 Priestern und dem Vollziehen des Altarsakraments: der Menschenweihehandlung. Die geweihten Priester wurden ausgesandt und begannen mit ihren gemeindebildenden Aufgaben.

In der genannten Zusammenkunft der Theologen vom Herbst 1921 war ausführlich auf die sieben Sakramente eingegangen worden. Die traditionelle Form der lateinischen Messe wurde besprochen und die erneuerte sakramentale Form der Menschenweihehandlung angegeben. Die Ritualtexte konnten im Laufe der Jahre 1921 – 1923 von Rudolf Steiner, der nur Berater der Bewegung für religiöse Erneuerung sein wollte, aus der geistigen Welt heraus konzipiert werden. Mit den vielen wunderbaren Zeitengebeten und den Anweisungen zum Lesen von Evangelienteilen entstand die definitive Form, direkt anschließend an uralte Mysterien.

Die Sonntagshandlung für die Kinder – Herbst 1922
Die kultischen Texte der Sonntagshandlung, der Weihnachtshandlung und der Jugendfeier / Konfirmation wurden zuerst unverändert übernommen, mit dem einzigen Unterschied, dass dieselben Worte nun von jemandem, der die Priesterweihe empfangen hatte, am Altar der Christengemeinschaft ausgesprochen wurden. Später entstanden kleine Textveränderungen.

Rudolf Steiner hat übrigens wiederholt die Bedeutung einer größtmöglichen Zusammenarbeit des Priesterkreises mit den Religionslehrern und Handlungshaltenden der Waldorfschule betont.

Die Weihnachtshandlung für die Kinder –
25. Dezember 1922
Genau wie bei der Weihnachtshandlung in den Schulen ist auch in der Christengemeinschaft die Weihnachtshandlung für die Kinder ein durchgehend verwobener Wortstrom von Evangelium und Kultus. Die Darstellung der Geburtsgeschichte nach dem Evangelium des Lukas (2,1-20) wird in mantrischen Worten zu einem leuchtenden Urbild der ersten Weltenweihnacht. In der Christengemeinschaft wird dieser Eindruck noch durch goldfarbene Buchstaben der Engelbotschaft auf und über dem Altar verstärkt: Geoffenbaret sei Gott in den Höhen und Friede auf Erden den Menschen, die eines guten Willens sind.

Die Konfirmation – Frühjahr 1923
Anfangs waren in Text sowie Art und Weise der Durchführung das Sakrament der Konfirmation und die Jugendfeier identisch. Rudolf Steiner betonte sogar, wie

wichtig es sei, dass ein und dasselbe Ritual, auf gleiche Weise vollzogen, in zwei verschiedenen Situationen eine so andere spirituelle Realität haben könne. Nach wiederholtem Drängen kam Rudolf Steiner am 21. Februar 1923 der Bitte nach, einige notwendige Änderungen vorzunehmen; es ging vor allem um die Ausdrücke »Lehrer« und »Schule«. Auch die Anweisungen für die Priestergewänder, die getragen werden sollten, wurden verändert: Es wurde nun der rote Talar mit dem weißen Priesterchorhemd getragen und nicht der Mantel, wie es bei der Sonntagshandlung für Kinder üblich ist.

Die größte Veränderung aber wurde die bis dahin noch nicht gebrauchte Form der unmittelbaren Verbindung mit der Menschenweihehandlung. Diese bildete nun gleichsam einen Teil der Konfirmation und machte das Ganze zu einem festlichen Gemeindegeschehen. Der Jugendliche empfängt bei dieser Menschenweihehandlung zum ersten Mal die Kommunion in Form von Brot und Wein, die Gemeinde hingegen verzichtet bei diesem Gottesdienst gerade auf die Kommunion. Mit dieser Veränderung ist die heutige Form zustande gekommen.

Der vierzehnjährige Jugendliche macht in der Schule die Jugendfeier möglichst am Palmsonntag mit, die Konfirmation in der Christengemeinschaft findet zwischen Ostersonntag und Pfingsten statt. Für beide gilt übrigens die Möglichkeit, die jeweilige Feier auch an einem Wochentag oder am Ostermontag oder am Himmelfahrtstag zu vollziehen.

Die Opferfeier – 25. März 1923 (Palmsonntag)

Als letztes der hier zu besprechenden Rituale wurde im Frühjahr 1923, wie bereits kurz bemerkt, den Lehrern der Waldorfschule die Opferfeier gegeben. Gleichzeitig empfing die Christengemeinschaft das Ritual für das Kinderbegräbnis und die Einfügung für Verstorbene in die Menschenweihehandlung. Diese Übertragungen waren um so bemerkenswerter, als sie in einer Zeit stattfanden, die für die Christengemeinschaft und auch für Rudolf Steiner in vielerlei Hinsicht außergewöhnlich dramatisch verlief: In der Silvesternacht von 1922 brannte das Goetheanum in Dornach bis auf den Boden ab; des Weiteren gab es große soziale Schwierigkeiten innerhalb der anthroposophischen Arbeitsgebiete; und in der Christengemeinschaft litt man unter dem oft falsch verstandenen Vortrag vom 30. Dezember 1922, in dem Rudolf Steiner in kräftigen Formulierungen die Christengemeinschaft und die Anthroposophische Gesellschaft zurechtgewiesen hatte.

Der direkte Anlass zur Einführung der Opferfeier war die Frage einer Schülerin der obersten Klasse der Waldorfschule, Johanna Wohlrab gewesen, ob für die Schüler, die schon seit geraumer Zeit der Jugendfeier beigewohnt hatten, nicht eine weitere Stufe möglich sei.

In einer Besprechung der Religionslehrer am 9. November 1922 wurde Rudolf Steiner diese Frage vorgelegt. Nach einigem Nachdenken antwortete er, dass eine »Messe« nicht in die Atmosphäre der Schulhandlungen passe, »aber es müsste etwas Messe-Ähnliches sein«.

Mit den Schülern der obersten Klassen der Waldorfschule fand dann am Palmsonntag, 25. März 1923, die erste Opferfeier statt. Daraufhin befragt, ob diese Handlung bei besonderen Gelegenheiten auch nur für die Lehrer oder mit anderen Anwesenden gehalten werden könne, bestätigte Rudolf Steiner, dass diese

Feier überall da abgehalten werden könne, wo dies aufrecht gewollt würde. Auf die weitere Frage, ob diese Opferfeier auch ohne weiteres von Menschen ohne Priesterweihe vollzogen werden könne, gab er zur Antwort, dass er mit dieser Form so weit gegangen sei, wie es für Nichtgeweihte möglich sei. Mit großer Hingabe wurden auch diese Opferfeiern eingeführt und gehalten.

Neben den Übereinstimmungen mit der Messe und der Menschenweihehandlung in der Vierteilung des Aufbaus (Evangelium, Opferung, Wandlung und Kommunion) gab es so viele Unterschiede, dass man von einer völlig neuen Form sprechen konnte. Vor allem wurde die mögliche Entwicklung in eine ferne Zukunft zu einem Opferkultus sichtbar, in dem die Substanzen Brot und Wein nicht mehr physisch anwesend zu sein brauchen, aber in spirituellem Sinne wirksam werden könnten.

Rudolf Steiner weist in einem Vortrag vom 13. 10. 1911 auf die zukünftige Abendmahlsfeier ohne Brot und Wein mit einer Kommunion im Geiste hin: »Aber dann werden sich alle Zeremonien ändern, und was früher durch die Attribute von Brot und Wein geschehen ist, das wird in Zukunft durch ein geistiges Abendmahl geschehen. Der Gedanke jedoch des Abendmahls, der Kommunion wird bleiben.«[32]

Der Beginn der Handlungen in den heilpädagogischen Instituten – 8. August 1925

1923 begann die Ärztin Ita Wegman (engste Mitarbeiterin Rudolf Steiners) ihre Arbeit in dem von ihr gegründeten therapeutischen Institut für seelenpflegebedürftige Kinder in Arlesheim. Unabhängig davon legten drei junge Studenten durch ihre Bitte an Rudolf Steiner, bei der Gründung eines Kindersanatoriums zu helfen, die Grundlage für das heilpädagogische Institut »Auf dem Lauenstein« in Jena. Nach der Gründung 1924 entstand dort die Frage nach einer religiösen Erziehung und einer Sonntagsfeier. Ita Wegman bat Herbert Hahn, bei der Ausarbeitung und Einrichtung behilflich zu sein. Nach sorgfältiger Vorbereitung hielt Siegfried Pickert am 8. August 1925 in Jena die erste Sonntagshandlung für die Kinder. In Arlesheim begann Maria Röschel auf dem »Sonnenhof« mit den Handlungen.

1939 gründete Karl König in Schottland die erste Camphill-Gemeinschaft. Anfangs wurde dort die Opferfeier bei besonderen Gelegenheiten gehalten. Ab 1942, als inzwischen immer mehr Kinder in die Gemeinschaft aufgenommen worden waren, begann man mit der Sonntagshandlung für die Kinder, später folgten die Weihnachtshandlung und die Jugendfeier.

Bei den Handlungen innerhalb der Institute ist neben dem religiös-gemeinschaftsbildenden auch das therapeutische Element von immenser Bedeutung. In dem eigens für die Handlungen eingerichteten Raum entsteht eine Atmosphäre von heilsam ordnender Wirkung. Auch haben sich in den Instituten rund um die Sonntagsfeiern jeweils ganz bestimmte Bräuche zur Vorbereitung und künstlerischen Umrahmung entwickelt.

Die Schulhandlungen und die Handlungen in der Christengemeinschaft:

Übereinstimmungen und Unterschiede

Allgemeines

- Ein wichtiger Unterschied liegt darin, dass die Handlungen in den Schulen und Instituten von Laien (Lehrern) gehalten werden; in der Christengemeinschaft werden alle Rituale durch die Priester vollzogen.
- Während die Schulhandlungen in einem Raum gehalten werden, der intensiv rot gestaltet ist, ist der Hintergrund des Altars in der Christengemeinschaft (mit den wechselnden Farben des Jahreslaufes) als Dunkelviolett angegeben.
- In der Christengemeinschaft wird die Orientierung des Altars gen Osten angestrebt, bei den Schulen gibt es keinen speziellen Aspekt dazu.
- Die Formgebung und die Aufstellung der sieben Leuchter auf dem Altar ist unterschiedlich: Bei den Schulhandlungen ist der Leuchter so angeordnet, dass die beiden äußersten Kerzen am höchsten sind, die mittlere Kerze ist am niedrigsten. Die Aufstellung ist ein nach vorne offenes Halbrund. In der Christengemeinschaft werden die Leuchter in einer geraden Linie aufgestellt, wobei angegeben ist, dass die mittlere Kerze deutlich höher als die übrigen sechs ist.
- Die Kleidung ist natürlich unterschiedlich. Die Handlungshaltenden sind schwarz gekleidet, möglichst mit weissem Oberhemd oder weisser Bluse. Die

Priester tragen ihre vorgeschriebenen Gewänder mit den im Jahreslauf wechselnden Farben. Die Ministranten tragen bei der Weihehandlung und den anderen Sakramenten ebenfalls Gewänder in den Farben der Jahreszeiten. Die Kleidung der Helfer bei den Schulhandlungen ist nicht genau vorgeschrieben, muss aber einen angemessenen Charakter haben. In der Anfangszeit trugen sie lange weiße Gewänder. Später hat man dies gelassen.

- Bei allen Schulhandlungen werden die Kerzen vor dem Hereinkommen aller Teilnehmer von dem Handlunghaltenden entzündet, bei den Ritualen der Christengemeinschaft geschieht dies von einem Ministranten im Beisein der Erwachsenen (Sonntagshandlung, Weihnachtshandlung und Konfirmation) oder der ganzen Gemeinde (bei der Menschenweihhandlung). Das Löschen der Kerzen geschieht analog dem Anzünden.
- Die Gewohnheit, in der Schule beim Verlassen des Raumes dem, der die Handlung gehalten hat, die Hand zu geben, geht zurück auf die Anfangszeit in Stuttgart, wo es eine spontane Reaktion bei den Kindern gab, Rudolf Steiner, der oft bei den Handlungen zugegen war, die Hand zu reichen. In der Christengemeinschaft ist es ein Ministrant, der die Kinder meistens mit einem Händedruck entlässt. Bei der Jugendfeier und bei der Konfirmation gehört natürlich das gesprochene Wort zum Abschied, während dies bei der Opferfeier und der Menschenweihehandlung unterbleibt.
- Die Schulen, die Institute und die Christengemeinschaft haben jeweils ihre eigene, wenn auch größtenteils übereinstimmende Perikopenordnung (die zu lesenden Teile des Evangeliums). Anfänglich wur-

de meist der Prolog des Johannnesevangeliums gelesen, seither ist in Anlehnung an die traditionellen Perikopenbücher, zum Teil auf Anweisung von Rudolf Steiner, eine umfangreiche Perikopenordnung entstanden.

- Das Ideal, die Kinder bei der Sonntagshandlung stehen zu lassen, ist leider wegen der veränderten Konstitution der Kinder nicht mehr immer möglich. Doch ist es wünschenswert, das Stehen als die dem Menschen angemessene Haltung anzusehen. Weiterhin ist es bei allen Handlungen üblich, dass sich alle Anwesenden beim Lesen des Evangeliums erheben.
- Bei allen Handlungen ergibt sich an verschiedenen Stellen die Möglichkeit, Musik einzufügen. Im Laufe der Jahre ist in den Waldorfschulen, in der Christengemeinschaft und in den Institutionen eine erfreuliche Anzahl sehr schöner Kompositionen entstanden.
- Bei den kultischen Handlungen geht es um das sichtbare Bild, das gesprochene Wort und die zu vollziehende Handlung. Niemals geht es um ein theoretisches und intellektuelles Studieren des Textes allein. Den Text abzutrennen, wäre mit einem Streichquartett zu vergleichen, bei dem beispielsweise nur die Cellopartie gespielt wird. Wie schön diese an sich auch sein mag, es entspricht nicht der ursprünglichen Absicht, auch wenn die Texte der Handlungen jetzt fast alle in Druckform in der Rudolf Steiner Gesamtausgabe herausgegeben worden sind.

Unterschiede: Sonntagshandlung in der Schule und in der Christengemeinschaft

- Außer den allgemeinen Unterschieden in Raum, Altar, Aufstellung der Leuchter, Kleidung und Ministranten sind keine weiteren Unterschiede vorhanden.

Unterschiede: die Weihnachtshandlung in der Schule und in der Christengemeinschaft

- Es wurde schon von den goldfarbenen Buchstaben auf und über dem Altar der Christengemeinschaft gesprochen sowie von dem eventuellen Fortfall der Lesung des Lukasevangeliums.

Unterschiede: Jugendfeier – Konfirmation

- Hier zeigen sich bedeutend mehr Unterschiede. In erster Linie schon durch die Tatsache, dass im Anschluss an die Konfirmation (oder eigentlich noch innerhalb dieser) die Menschenweihehandlung als unlösbar mit der Konfirmation verbundenes Sakrament zelebriert wird.
- Weiterhin sind die in der Jugendfeier erscheinenden Teile, in denen über »Lehrer« und »Schule« gesprochen wird, von Rudolf Steiner in allgemeine Formulierungen umgeändert worden.
- Wo bei der Jugendfeier die direkt zu dem jungen Menschen gesprochenen Worte durch einen Händedruck besiegelt werden, findet bei der Konfirmation das segnende Handauflegen statt. Die segnende Gebärde bei der Kinderhandlung ist gleich, für die Opferfeier sind wiederum einige Gebärden angegeben, die anders sind als bei der Menschenweihehandlung.
- Sowohl bei der Jugendfeier als auch bei der Konfirmation wird das Wort in freier Ansprache an den jungen Menschen gerichtet.
- Am deutlichsten ist der bereits genannte Unterschied, dass das Sakrament der Konfirmation einmalig als gewichtiger Augenblick vollzogen wird, während die Jugendfeier nach dem ersten festlichen Ereignis gut zwei Jahre lang mehr oder weniger regelmäßig erlebt werden kann.

Unterschiede. Opferfeier – Menschenweihehandlung

- Da die Opferfeier und die Menschenweihehandlung völlig selbstständige Rituale mit eigenem Charakter sind, kann kaum von Unterschieden und Übereinstimmungen in den Ritualtexten gesprochen werden. Beide gehen auf die kultischen Formen alter Mysterien zurück, die auf der Einteilung von Evangelium, Opferung, Wandlung und Kommunion basieren. Es würde über die Absicht dies Buches hinausgehen, wenn man auf mehr als die im Folgenden genannten Übereinstimmungen und Unterschiede eingehen würde.
- Beim Einführen der Opferfeier spricht Rudolf Steiner nachdrücklich von »Opfertisch« und »Gemeinde«.
- Ein auffallender Unterschied liegt darin, dass die Opferfeier von drei Personen vollzogen wird. Der auf der linken Seite Stehende liest auch den Evangelienabschnitt, während der auf der rechten Seite Stehende den Rundgang bei den Teilnehmern vollzieht, was der »Kommunion« entspricht. In der Christengemeinschaft wird das Ritual von nur einem Priester zelebriert; in größeren Gemeinden kann die Predigt von einem anderen Priester gehalten werden und kann die Kommunion – Brot und Wein – von mehreren Priestern ausgeteilt werden.
- Im Gegensatz zur Opferfeier gibt es in der Menschenweihehandlung die Möglichkeit, eine Predigt (Ansprache) einzufügen.
- Die Opferfeier kennt keine Zeitengebete, die mit den Festzeiten des Jahres wechseln. Es wird kein Glaubensbekenntnis (Credo) ausgesprochen.
- Von dem Gebrauch sichtbarer Substanzen – Brot und Wein – wurde schon gesprochen. Im Ritual der Menschenweihehandlung findet eine Räucherung des

Kelches, der Substanzen und des Altars statt. Die Opferfeier kennt weder sichtbare Substanzen noch Räucherung.

- Im Kommunionsteil der Opferfeier wird der Teilnehmer von dem, der die Handlung hält, ganz kurz an der Stirn berührt. In der Menschenweihehandlung besteht der Friedensgruß aus einer kurzen Berührung der Wangenseite durch den Priester. Auch wird in der Opferfeier im Gegensatz zur Menschenweihehandlung, wo nicht geantwortet wird, eine Antwort gegeben.

Verantworliche Instanzen

Die Verantwortung für die Erteilung des Religionsunterrichtes und Halten der Handlungen sowohl in den Waldorfschulen als auch in den heilpädagogischen und sozialtherapeutischen Instituten liegt bei der »Allgemeinen Anthroposophischen Gesellschaft«, die auf Vorschlag des Religionslehrerkollegiums Lehrer einstellt. Zwei internationale Gremien und zwei Landesgremien tragen die Verantwortung für das Erteilen von Religionsunterricht und das Begleiten der Religionslehrer. Auch verbürgen sie sich für das sorgfältige Einrichten und das Halten der Handlungen. Außerdem trägt ein Gremium die Verantwortung für die Texte (gegebenfalls für deren Übersetzung) der Rituale und für das Einstellen einer Kontaktperson in jeder Waldorfschule und jedem Institut, welche die Texte verwaltet, sodass diejenigen, welche die Handlung halten (werden), die Texte in ihr Ritualbuch übernehmen können.

Die Gremien organisieren regelmäßig landesweite und internationale Zusammenkünfte, bei denen inhaltliche und praktische Angelegenheiten besprochen werden.

Die Verantwortlichkeit für die Gottesdienste und das Erteilen des Religionsunterrichtes in der Christengemeinschaft liegt bei der Priestersynode. Diese hat ihrerseits eine (internationale) Ordnung, wobei die Gebietsleiter (Verantwortlichen) in dem Kreis der Sieben vertreten sind (»Siebenerkreis«), der sich um das Einstellen und Aussenden der Priester kümmert (in enger Zusammenarbeit mit den regionalen Synoden und der Seminarleitung), wie auch um das korrekte Übersetzen von Ritualtexten (in enger Zusammenarbeit mit den Sprachkommissionen des jeweiligen Landes) und für den richtigen Vollzug der Rituale.

Oft gestellte Fragen

In den Jahren, in denen ich selbst die Handlungen in der Waldorfschule gehalten habe, und auch in meiner heutigen Arbeit als Priester in der Christengemeinschaft, werden viele Fragen über die religiöse Erziehung in den Schulen und in der Christengemeinschaft gestellt. Das war mit ein Anlass für mich, den Beitrag für dieses Buch zu schreiben. Es gab auffallend viele Missverständnisse, und es kamen auf beiden Seiten allerlei Vorurteile ans Licht.

Aus der Darstellung zur Entstehung der Rituale wird einerseits die nahe Verwandtschaft deutlich geworden sein, andererseits auch die Trennlinie zwischen dem Gebiet, wo die Waldorfschule und wo die Bewegung zur religiösen Erneuerung ihre Verantwortlichkeit erlebt. Den Priestern der Christengemeinschaft werden auch die Texte der Schulhandlungen anvertraut, und im letzten Teil der Priesterausbildung kann an den Schulhandlungen einmal teilgenommen werden.

Aus der Fülle der gestellten Fragen will ich eine Anzahl beantworten. Möglicherweise können diese Antworten klärend wirken und das Interesse nach einer engeren Zusammenarbeit zwischen beiden Arbeitsgebieten fördern.

Können die Kinder und ihre Eltern sowohl an den Schulhandlungen als auch an den Handlungen der Christengemeinschaft teilnehmen?
Meine Erfahrungen der Teilnahme sowohl an der Schulhandlung als auch an der Handlung in der Christengemeinschaft bestätigen, dass das abwechselnde Teilnehmen an beiden sehr wohl möglich ist. Denn die betreffenden Kinder sind Teil beider Gemeinschaften. Durch ihre Teilnahme am Freien Religionsunterricht in der Waldorfschule und an den Schulhandlungen sind die Kinder eng mit dem *Engelwesen* der Schule verbunden; durch ihre Verbindung der Eltern, die vielleicht das religiöse Umfeld der Christengemeinschaft suchen, sind sie verbunden mit dem dort wirksamen *Engelwesen.* Auch Rudolf Steiner hat sich dahingehend geäußert, dass prinzipiell nichts dagegen einzuwenden ist, wenn die Kinder beiden Handlungen beiwohnen.

Auf die gestellte Frage zum Mitmachen sowohl der Jugendfeier in der Schule als auch der Konfirmation in der Christengemeinschaft antwortet Rudolf Steiner in der Lehrerkonferenz vom 19. Juni 1924, dass nach ihrer inneren Bedeutung beide miteinander vereinbar sind. Allerdings stellt die Jugendfeier den Jugendlichen im weitesten Sinne des Wortes in das Menschsein, die Konfirmation stellt ihn in eine bestimmte religiöse Gemeinschaft. Nach Art der Dinge sind sie jedoch zu vereinen. – Durch die Eltern der Jugendlichen wird ein eigener Entschluss gefasst werden müssen, ob und wann eventuell die Jugendfeier in der Schule mitgemacht wird, wenn für den betreffenden Jugendlichen das Sakrament der Konfirmation in der Christengemeinschaft schon vollzogen ist. Auch hier schließt das eine das andere nicht aus. Nur ist es wichtig zu wissen, dass die Jugendfeier auf Ostern hin orientiert ist, sie also in einem solchen Falle ein Jahr später mitgemacht werden sollte. Besser ist es umgekehrt: Zuerst die Jugendfeier, dann nach Ostern die Konfirmation. Das ist durchaus vereinbar.

Was die Opferfeier und die Menschenweihehandlung betrifft, so gibt es gute Erfahrungen in einer Anzahl heilpädagogischer Institute und Camphillgemeinschaften, wo auf sehr harmonische Weise beide Rituale abwechselnd stattfinden.

Selbstverständlich bleibt für Eltern und Kinder die Frage, wie beim Wahrnehmen beider Handlungen manche dadurch entstehenden Probleme gelöst werden können, ohne dass man ein chaotisches und unübersichtliches Gefühl bekommt. Vor allem bei besonderen Festtagen kann das Problem auftauchen, welcher Zusammenkunft man beiwohnen möchte.

Kann ein nichtgeweihter Lehrer ein kultisches Ritual vollziehen?

Gerade auf dem besonderen Hintergrund des Waldorfunterrichts und aus seiner Verbundenheit mit der Anthroposophischen Gesellschaft und auch seiner Verantwortung der Anthroposophie gegenüber kann der Lehrer in aller Freiheit den Religionsunterricht und die Handlungen abhalten. In den wöchentlichen Unterrichtsstunden wird der Lehrer aus dem miterlebenden

Gefühl der Kinder und ihrer Fähigkeit zum Mit*denken* durch Lieder und Sprüche, Geschichten und Gespräche religiösen Charakters an einer neuen Verbindung des Kindes mit der geistigen Welt, aus der es stammt, arbeiten. Und in der vom Lehrer gehaltenen Handlung wird auf ganz besondere Weise und in einer entsprechenden Umgebung das Kind in seinem *Willen* angesprochen, um in der Welt nach dem höchsten Wesen zu suchen, das sich durch das Mysterium von Golgatha mit der Erde verbunden hat.

Nachdrücklich wird gesagt, dass die Sonntagshandlung, und vor allem die Opferfeier, »nicht-priesterlich« gehalten wird, also gerade aus der größtmöglichen Objektivität heraus »einfach und mit Innigkeit« gesprochen und immer aus der pädagogischen Aufgabe heraus, die der Lehrer auf sich genommen hat.

Die priesterliche Vollmacht zum Vollziehen der Sakramente entsteht aus einer Weihe, die Handlungen werden aus einem Schulungsweg heraus vollzogen. Nicht mehr, aber auch ganz gewiss nicht weniger kann der Lehrer seinen pädagogischen Auftrag an den Kindern, seinen Kollegen und der ganzen Schulgemeinschaft mit einer geistigen Realität durchdringen, die unentbehrlich für die weitere Entwicklung des Menschseins ist.

In der Lehrerkonferenz vom 5. Dezember 1922 weist Steiner darauf hin, dass der Religionslehrer auch die kultischen Handlungen halten können muss. Aber so wie das auch für einen geweihten Priester gilt, darf das Halten ritueller Handlungen nie und nimmer zu einem Superioritätsgefühl führen, geschweige denn zu einem Abgleiten in Eitelkeit und Hochmut. Als die Lehrer um eine eigene kultische Feier baten, entstand übrigens die Schwierigkeit, dass Steiner sagte, dass es fast unmöglich sein würde, im eigenen Kreis jemanden zu finden, der eine solche Feier würde durchführen können, ohne dass es Probleme in der kollegialen Atmosphäre geben würde.

In der Realität des Waldorfunterrichtes wirkt es oft hemmend, dass bei weitem nicht alle Lehrer eines Kollegiums sich genug mit den Religionsstunden verbinden, und schon gar nicht die Handlungen aktiv mittragen und ihnen beiwohnen. Dadurch besteht die Gefahr, dass die Religionslehrer in eine ziemliche Sonderposition geraten. Man kann nicht genug daran arbeiten, dass die religiöse Erziehung der Kinder gemeinsam getragen werde, und zwar aus den Gründen, die im ersten Teil dieses Buches ausführlich betrachtet worden sind.

So wie der Priester in den verbindenden esoterischen Priesterkreis eingebettet ist und vom Gemeindeleben getragen wird, braucht auch der Religionslehrer und derjenige, der die Schulhandlungen hält, die Stütze eines von Geisteswissenschaft durchdrungenen und geformten Kreises von Lehrern und Eltern, die diese religiösen Formen mittragen. Ohne diese Unterstützung ist wenig möglich.

Religionsunterricht zu geben und die Sonntagsfeiern durchzuführen ist unauflöslich miteinander verbunden. Leider muss davon sowohl in den Schulen als auch in der Christengemeinschaft abgewichen werden, weil die geeigneten Menschen fehlen, aber das Streben nach einer direkten Verbindung bleibt notwendig.

Fragen zu Kleidung und kultischen Gewändern

Eine andere häufig gestellte Frage auf diesem Gebiet betrifft die Kleidung, die bei den Schulhandlungen getragen werden soll. Die Vorschrift ist Schwarz, womit

Erziehung braucht, so muss der Erwachsene sich auf die richtige Weise vorbereiten, um sich exkarnieren und schließlich sterben zu können.

Man könnte auch sagen: Für ein Kind ist Religion die Hilfe, um auf die rechte Weise geboren zu werden, für den Erwachsenen ist sie die Hilfe, richtig sterben zu können. Jeder Erwachsene weiß, dass »Sterbeerfahrungen« (im Gebiet der menschlichen Seele und des Geistes) heutzutage unumgänglich und notwendig sind. Wenn bestimmte Fähigkeiten nicht von Zeit zu Zeit durch den Nullpunkt gehen, haben wir kein wirkliches Leben, sondern vegetieren auf die Dauer vor uns hin, anstatt bewusst leben zu können.

Bei der religiösen Erziehung von Kindern geht es nicht in erster Linie um das Erüben des Denkvermögens oder um eine disziplinierte Willensschulung, sondern darum, die Qualitäten des Herzens anzusprechen. Diese Qualitäten der menschlichen Mitte drohen gegenwärtig unter dem Druck einer intellektuellen Erziehung und dem Zwang der äußeren Notwendigkeiten zu verkümmern. Das soll nicht heißen, dass die Erziehung des Denkens und Wollens über Bord geworfen werden soll, sondern dass daneben Raum für eine Kultur des Herzens geschaffen werden soll.

Man kann auf allen Gebieten des Lebens merken, dass Kinder für diese Qualität empfänglich sind. Wenn wir als Erwachsene sie einseitig intellektuell ansprechen, verlieren sie schnell alles Interesse. Wenn man sie zwingend, aus dem Willen heraus anspricht, geraten sie in Aufstand. Nicht nur der Inhalt unserer Worte, sondern auch die Stimmführung, der »Ton, der die Musik« macht, ist hierbei bestimmend. Wenn der Intellekt vorherrscht, verliert die Stimme ihre Farbe: sie wird kahl und flach. Wenn aber der Wille vorherrscht, wird die Stimme suggestiv und zwingend. Zwischen diesen Extremen, da, wo wir selbst versuchen aus der Mitte zu sprechen, bekommt die Stimme ein menschliches Maß. Und wenn auch der Inhalt dessen, was wir sagen, die Sprache des Herzens spricht, lernen wir – Kinder und Erzieher – es allmählich, mit dem Herzen zu sehen und wahrzunehmen.

Anmerkungen

1 Rudolf Steiner, Die Erziehung des Kindes vom Gesichtspunkt der Geisteswissenschaft, Dornach 1985.
2 Antoine de Saint-Exupéry, Der kleine Prinz, S. 72. Zürich 1950.
3 aus: Joanne Klink, Vroeger toen ik groot was, Baarn 1991.
4 Rudolf Steiner, Wie kann die seelische Not der Gegenwart überwunden werden, Zürich, 10. Oktober 1916.
5 Für die Sprüche, die Rudolf Steiner für verschiedene Altersgruppen gegeben hat, verweise ich auf Brigitte Barz, Mit Kindern beten, Stuttgart 1995.
6 Das Wort Religion kommt vom Lateinischen »relegere«: immer wieder lesen. So wird es bereits von Cicero abgeleitet. Der Kirchenvater Lactantius (312 n. Chr.) verbindet das Wort mit »religare«; wieder verbinden: indem man immer wieder neu liest, entsteht eine Wieder-Verbindung mit der göttlichen Welt.
7 Christy Brown, Mein linker Fuß, S. 50; Berlin 1963.
8 Scharlachrot, dtv München 1993, S. 218
9 Diese Überlieferung ist beispielsweise bei Pirmin, dem Gründer des Klosters Reichenau, zu finden. Ausführlich beschrieben bei Adolf Müller und Arnold Suckau, Werdestufen des christlichen Bekenntnisses, Stuttgart 1974, im Kapitel: Die Überlieferung vom apostolischen Ursprung.
10 Rudolf Steiner, Wahrspruchworte, GA 40, Dornach, 7. Aufl. 1991.
11 Rudolf Steiner, GA 265, S. 161 – Zur Geschichte und aus den Inhalten der erkenntniskultischen Abteilung der esoterischen Schule von 1904-1914.
12 Jacques Lusseyran, Das wiedergefundene Licht, Stuttgart 1973.

13 In dem Vortrag: Die Umwandlung der Sprachbedeutung für das menschliche Seelenleben, vom 11. September 1920 in GA 199, Dornach 2. Aufl.1985.
14 Vroeger toen ik groot was, Vérgaande herinneringen van kleine kinderen.
15 Herbert Hahn gibt in seinem Buch: Von den Quellkräften der Seele, Stuttgart 4. Aufl. 1990 eine ausführliche Beschreibung dieser drei Stadien in dem Kapitel »Achter Tag«.
16 Herbert Hahn, Das goldene Kästchen. Erzählungen, Legenden, Märchen, Stuttgart 4. Aufl. 1989
17 Jorga der Tapfere. Rumänische Volksmärchen, Stuttgart 3. Aufl. 1991.
18 Armut und Demut führen zum Himmel. Erzählbuch christlicher Legenden, Gütersloh 1982
19 Deutsches Lesebuch für höhere Schulen, hrsg. von Gerhard Storz, Stuttgart o.J.
20 In seinem Buch: Erhobene Hände, Geschichte einer Gebärde in der bildenden Kunst, widmet Heinz Demisch einige Kapitel der Gebärde Bittender (Oranten) in alten Kulturen. Nach welcher Kultur man auch blickt, immer sind diese Orantengebärden gleich, indem sie erhobene Hände zeigen. Aber auch auf dem Grundriss einiger alter Krypten, wie unter der Kathedrale von Chartres, ist diese Haltung abgebildet.
21 Michael Bauer, Gesammelte Werke, Bd. 4, Aphorismen und Fragmente, Stuttgart 1990.
22 Im jüdischen Kultus wird diese Gebärde beim jährlichen Segen des Priesters vollzogen: »Der Herr segne und behüte euch« ... Aber auch, wenn der älteste Sohn das Haus verlässt, wird diese Gebärde mit den Händen gemacht.
23 In einem Gespräch mit Emil Bock, das dieser mit folgenden Worten im Priesterkreis wiedergab: »Rudolf Steiner betonte, dass diese Schlussmusik feierlich und kräftig im Rhythmus sein sollte.«
24 In: Esoterische Betrachtungen karmischer Zusammen-

hänge, Band II, GA 236, Vortrag vom 27.Juni 1924, Dornach 1977.

25 Publiziert in: Der Tod Merlins. Das Bild des Menschen in Mythos und Alchimie, Dornach 1984.

26 Rudolf Steiner, Konferenzen mit den Lehrern der Freien Waldorfschule Stuttgart, 1. Band, Einleitungen, GA 300/1, Dornach1975.
Die sogenannten »Konferenzen« sind Aufzeichnungen oder stenographierte Notizen der Lehrerkonferenzen der Waldorfschule Stuttgart, bei denen Rudolf Steiner mehr oder weniger regelmäßig anwesend war. Diese Konferenzen sind wegen ihres Schatzes an lebendiger Praxissituationen gesondert in drei Bänden innerhalb der Rudolf Steiner Gesamtausgabe herausgegeben worden.

27 Konferenzen 6. 3. 1920.

28 Konferenzen, 8. 3. 1923.

29 Rudolf Steiner, Erziehungskunst. Seminarbesprechungen und Lehrplanvorträge CIII), GA 295; siehe auch: E.A. Karl Stockmeyer, Rudolf Steiners Lehrplan für die Waldorfschule, S. 341, Religionsunterricht.

30 Rudolf Steiner in der Waldorfschule. Ansprachen für Kinder, Eltern und Lehrer, GA 298, Stuttgart 1958.

31 Rudolf Steiner in der Waldorfschule, a.a.O.

32 Vortrag vom 13. 10. 1911, GA 131; 9.

33 siehe den Vortrag »Das moralische Erleben der Farben- und Tonwelt«, in : Kunst im Lichte der Mysterienweisheit, GA 275, Dornach 3. Aufl. 1990.

Brigitte Barz

Mit Kindern beten

80 Seiten, kartoniert

Zu den elementaren Fragen an das, was Erziehung heute leisten kann, gehört auch die nach der Bedeutung des Gebets. Wie können Erwachsene für sich und für ihre Kinder damit umgehen, welche Zeiten und Anlässe sind vorhanden, welche Texte bieten sich an?

Irene Johanson

Geschichten zu den Jahresfesten

Für Kinder erzählt

106 Seiten, gebunden

Vom Osten strahlt ein Stern herein

Geschichten zu Advent, Weihnachten, Dreikönig

Herausgegen von Ineke Verschuren

412 Seiten, 16 Zeichnungen, gebunden

Georg Dreißig

Das Licht in der Laterne

Ein Adventskalender in Geschichten

80 Seiten, gebunden

Brigitte Barz

Feiern der Jahresfeste mit Kindern

Für Eltern dargestellt

164 Seiten, kartoniert

Heidi Britz-Crecelius

Kinderspiel – lebensentscheidend

232 Seiten, kartoniert

Urachhaus